改善社会建设 重建社会秩序

贡　森　包雅钧　等著

中国发展出版社
CHINA DEVELOPMENT PRESS

图书在版编目（CIP）数据

改善社会建设 重建社会秩序/贡森，包雅钧等著.—北京：中国发展出版社，2017.10

（国务院发展研究中心研究丛书.2017/李伟主编）

ISBN 978-7-5177-0789-9

Ⅰ.①改… Ⅱ.①贡… ②包… Ⅲ.①社会秩序—研究—中国 Ⅳ.①D631.4

中国版本图书馆 CIP 数据核字（2017）第 261950 号

书　　名：改善社会建设 重建社会秩序
著作责任者：贡森　包雅钧　等
出 版 发 行：中国发展出版社
（北京市西城区百万庄大街 16 号 8 层　100037）
标 准 书 号：ISBN 978-7-5177-0789-9
经　销　者：各地新华书店
印　刷　者：北京市密东印刷有限公司
开　　本：710mm×1000mm　1/16
印　　张：8.5
字　　数：110 千字
版　　次：2017 年 12 月第 1 版
印　　次：2017 年 12 月第 1 次印刷
定　　价：30.00 元
联 系 电 话：（010）68990535　68990692
购 书 热 线：（010）68990682　68990686
网 络 订 购：http：//zgfzcbs.tmall.com
网 购 电 话：（010）68990639　88333349
本 社 网 址：http：//www.develpress.com.cn
电 子 邮 件：10561295@qq.com

DRC

2017

国务院发展研究中心研究丛书

编　委　会

“当前社会新秩序构建及相关社会改革研究”课题组

课题顾问

张来明　国务院发展研究中心副主任、中国国际发展知识中心第一副主任

课题负责人

贡　森　国务院发展研究中心公共管理与人力资源研究所原所长、中国国际发展知识中心常务副主任

其他成员

李　兰　国务院发展研究中心公共管理与人力资源研究所研究人员

李国强　国务院发展研究中心公共管理与人力资源研究所研究人员

陈国堂　国务院发展研究中心公共管理与人力资源研究所研究人员

包雅钧　国务院发展研究中心公共管理与人力资源研究所研究人员

杨维富　国务院发展研究中心公共管理与人力资源研究所研究人员

田琳琳　国务院发展研究中心公共管理与人力资源研究所研究人员

王伟进　国务院发展研究中心公共管理与人力资源研究所研究人员

董丹丹　国务院发展研究中心公共管理与人力资源研究所研究人员

李耀坤　国务院发展研究中心公共管理与人力资源研究所研究人员

刘燕玲　国务院发展研究中心公共管理与人力资源研究所研究辅助人员

总 序

全面贯彻落实党的十九大精神，开创新时代政策咨询研究工作新局面

李伟

2017年10月，举世瞩目的中国共产党第十九次全国代表大会胜利召开。这是在全面建成小康社会决胜阶段、中国特色社会主义进入新时代的关键时期召开的一次十分重要的大会。党的十九大，作出了中国特色社会主义进入新时代、我国社会主要矛盾已转化为人民日益增长的美好生活需要和不平衡不充分的发展之间的矛盾等重大政治论断，确立了习近平新时代中国特色社会主义思想为党必须长期坚持的指导思想，提出了新时代中国特色社会主义的基本方略，确定了决胜全面建成小康社会、开启全面建设社会主义现代化国家新征途的目标。

党的十八大以来的五年，以习近平同志为核心的党中央以巨大的政治勇气和强烈的责任担当，提出一系列新理念新思想新战略，出台了一系列重大方针政策，推出一系列重大举措，推进一系列重大工作，推动党和国家事业发生历史性变革。如在宏观经济政策领域，面对近些年我国经济在增速、结构、动力等方面发生的深刻变化，五年来，以习近平同志为核心的党中央准确把握全球经济发展

大势和中国经济发展变化，不断创新宏观调控方式，形成了作出经济进入新常态重大判断、以新发展理念为指导、以供给侧结构性改革为主线、以稳中求进为工作方法论的宏观经济政策框架。具体而言，这个政策框架有以下几个鲜明特点：

其一，作出了新常态这一重大判断。从速度层面看，经济增长速度从高速增长转为中高速增长，经济发展的质量和内涵发生质的变化；从结构层面看，经济结构发生全面深刻变化，不断优化升级；从动力层面看，经济发展从要素驱动、投资驱动转向创新驱动。认识、把握、引领新常态是当前和今后一个时期做好经济工作的大逻辑。

其二，确立了新发展理念这一指导思想。创新、协调、绿色、开放、共享五大发展理念为经济社会发展提供了战略指引，是关系我国发展全局的一场深刻变革，攸关"十三五"乃至更长时期我国发展思路、发展方式和发展着力点。

其三，明确了推进供给侧结构性改革这一工作主线。供给侧结构性改革的最终目的是满足需求，主攻方向是提高供给质量，根本途径是深化改革，这是解决我国发展面临的突出问题与挑战的必由之路。

其四，确定了稳中求进这一工作方法论。坚持稳中求进工作总基调，并将之上升为治国理政的重要原则和经济工作的方法论，这是对经济工作思想方法作出的重大调整。强调要保持战略定力，在实践中转变急于求成的思想观念和操之过急的工作方法，推动经济转向平稳健康持续发展的轨道。

从五年来的实践成效看，在这一政策框架指导下，我国经济在经历多年调整后，趋势性下行的空间明显收窄，正在逐步迈入中高速增长阶段。特别是自2016年下半年开始，我国经济运行出现了一些积极变化，企稳基础有所增强，国际环境的有利因素也在增多，我国经济转型有望从“降速”阶段转向“提质”阶段。2017年前三季度基本延续了这一态势，经济增速达到6.9%，总体保持平稳，结构不断优化，经济发展的稳定性、协调性和可持续性增强，稳中有进、稳中向好的态势持续发展。

党的十九大对新时代推进中国特色社会主义伟大事业作出了全面部署，对开启全面建设社会主义现代化国家新征程作出战略安排，明确提出全面建成小康社会、实现第一个百年奋斗目标，又要乘势而上开启全面建设社会主义现代化国家新征程，向第二个百年奋斗目标进军。从2020年到本世纪中叶，分两个阶段安排：第一个阶段，从2020年到2035年，在全面建成小康社会的基础上，再奋斗十五年，基本实现社会主义现代化；第二个阶段，从2035年到本世纪中叶，在基本实现现代化的基础上，再奋斗十五年，把我国建成富强民主文明和谐美丽的社会主义现代化强国。这一系列战略部署为包括国务院发展研究中心在内的各类智库发挥作用提供了前所未有的广阔空间，如：社会主要矛盾所指的发展不平衡不充分的具体表现在哪些方面？本世纪中叶建成社会主义现代化强国的具体内涵和指标有哪些？现代化经济体系科学内涵是什么？如何实施乡村振兴战略？全面建设社会主义现代化国家新征程中将面临哪些风险和挑战？等等。这些重大问题，都需要智库加强前瞻性研究，提供切实可行、管用的决策咨询建议。

党的十九大指出，深化马克思主义理论研究和建设，加快构建中国特色社会科学，加强中国特色新型智库建设。智库建设的内容首次写进党的代表大会报告，令人振奋。这既为国务院发展研究中心建设国际一流高端智库提供了重大机遇，也为我们履行政策研究、政策评估、政策解读和国际交流合作“四位一体”的职能提出了更高要求。国务院发展研究中心将全面贯彻落实党的十九大精神，贯彻习近平总书记2013年4月15日关于智库建设的重要批示和中央关于智库建设的总体部署，加快落实国务院已批复的《国务院发展研究中心国家高端智库建设试点方案》，全面实施质量提升、人才优化、国际交流合作、成果传播、支撑保障和党的建设等六大工程，建立健全党的建设、人才使用与激励、研究质量保障和成果创新、经费使用和管理、成果转化和传播、研究支撑、国际交流合作、统筹利用社会资源等八个方面的体制机制，加快建设国际一流高端智库，力争到2020年进入高质量服务中央决策的政策支持力强、社会影响力大、国内领先、国际一流高端智库前列。

国务院发展研究中心将把深入学习宣传和全面贯彻落实党的十九大精神作为当前和今后一段时期的首要政治任务。作为服务党中央、国务院的政策咨询研究机构，我们将牢牢把握为中央决策服务的根本方向，以习近平新时代中国特色社会主义思想为指导，坚持马克思主义立场观点方法，坚持以人民为中心的发展思想，紧紧围绕十九大作出的“贯彻新发展理念，建设现代化经济体系”“加快建设创新型国家”“实施乡村振兴战略”“实施区域协调发展战略”“加快完善社会主义市场经济体制”“提高保障和改善民生水平，加强和创新社会治理”“加快生态文明体制改革，建设美丽中国”等一系列重大决策部署，坚持问题导向，精心选题，主动加强新时代中国特色社会主义有关经济建设、社会建设、生态文明建设的全局性、战略性、前瞻性、长期性以及热点、难点问题研究，大兴调查研究之风，不断形成一大批具有较高政策价值和较大社会影响力的研究成果，为中央科学决策提供有力的智力支持，努力开创新时代政策咨询研究的新局面。

“国务院发展研究中心研究丛书”是我们每年主要研究成果的集中呈现，自2010年面世至今，已经连续出版八年。今年这套丛书成书共包括15部著作，其中：《迈向高质量发展：战略与对策》《构建“一带一路”设施联通大网络》《打好风险攻坚战：思路与对策》等3部著作是国务院发展研究中心的重大研究课题报告；《协同：促进区域经济增长的新路径》《构建竞争力导向的农业政策体系》等9部著作，是各研究部（所）的重点研究课题报告；另3部著作是青年研究人员的优秀招标研究课题报告。

最后，对于多年来中央和地方各级领导同志给予我们的肯定和鼓励，以及社会各界读者的认可和厚爱，我们深怀感恩，并表示由衷的谢意。同时，我们也深知不足，诚恳希望各级领导、专家、学者和广大读者继续给予关心、支持和帮助，对这套丛书以及我们的工作多加批评指正，促使我们以更加振奋的精神和昂扬的姿态为推进国家治理体系和治理能力现代化、决胜全面建成小康社会、夺取新时代中国特色社会主义伟大胜利、实现中华民族伟大复兴的中国梦而不懈奋斗。

2017年11月

（作者为国务院发展研究中心主任、研究员）

内容摘要

在一个十亿级人口大国同时推进经济、政治和社会等多重转型，国际上可借鉴的经验不足。建立中国自己的知识体系进而建构社会发展新秩序，既需要从中国优秀传统文化中寻找思想资源，也需要与西方理论及实践对话，更需要与党的十八大的理论创新相对接。按照习近平总书记关于领导干部和普通群众权责观的论述以及马克思主义世界观和方法论，吸收中国儒家倡导的士大夫担当精神以及自立自强的传统美德，借鉴发达经济体社会建设的经验教训，我们提出“关键少数有担当、普通群众能自强”的中国特色社会秩序建构思路。

据此，我们对社会建设领域各方面的改革提出具体建议：第一，通过德能并重的录用、使命感教育以及合理薪酬待遇保障，提升党政干部群体等体制内关键少数的担当意愿和能力；第二，通过简政放权和复合治理机制，有序激发社会上关键少数的活力；第三，通过投资型民生制度体系，实现普通群众共建共享，即以社会投资性强的赋权授能项目为重点予以优先发展，而以养老保险、最低生活保障等消费性强的社会项目为底线予以控制发展。

此外，为了统筹推进中国社会秩序构建，我们对社会建设领域的改革和发展提出了综合性建议。一是凝聚共识。重建中国社会科学知识体系，要充分尊重中国国情，特别是中国共产党领导的中国特色社会主义制度；要注重与中国优秀传统文化和社会主义核心价值观的融合；要借鉴发达经济体现代化早期的国家建构经验教训。二是扬长补短。我国的政治经济优势是可以集中力量办大事的，要利用未来一二十年中高速增长的机会，着力建构“关键少数有担当、普通群众能自强”的基本制度框架。要更好地发挥政府作用，纠正社会建设和行政管理领域过度市场化、货币化的做法。还要着力改变分权不足的问题，在加强顶层设计的同时，要充分鼓励地方和基层进行探索。要探索国家与社会之间多形式的复合治理。在全面从严治党的新形势下，要充分信任社会各方面精英，同时多渠道改善监管，并严格处理有违信任者。要进一步加强公开透明，包括行政审批程序、公共服务对象的基本信息以及公职人员的薪酬待遇。三是消减阻力、增强支持。可以适当借鉴军队改革的做法，通过“抓大老虎”的反腐方式消减医疗卫生和教育这两个重点民生领域既得利益者对重大改革的阻力。可以通过改善社会投资型公共服务，尽快取得早期成果，寻求人民群众对重大改革的支持。可以通过提高公职人员的薪酬待遇及改善待遇结构，维护和激发干部职工推动改革的热情和创造力。四是建立新型社会关系和社会契约。重要的关系包括新型党政关系、政商关系、政社关系以及国家与家庭和个人的关系。另外，要多方着力，支持家庭建设，帮助家庭更好地发挥基础作用。

贡 森

2017年10月

目录

分报告三

推进事业单位转为社会组织

分报告四

社会政策与国家构建的国际实践及对我国的启示

分报告五

补短板建机制，实施人力资本优先发展战略

分报告十

分报告十一

分报告十二

总报告

以社会建设为抓手，推进社会秩序重构

中国社会存在失序风险，原因是多方面的，其中一个重要原因是包括民生保障和社会治理在内的社会建设领域的一些改革设计和执行出现了问题。中国经济正经历新常态，政治正走向新生态，在这个大变革过程中，中国社会也需要建立新秩序。在一个十亿级人口大国同时推进经济、政治和社会等多重转型，国际上可资借鉴的经验不足，社会建设出现偏差也是难免的。如何建立中国自己的知识体系，完善社会建设，进而建构社会发展新秩序呢？这是本项研究要回答的关键问题。

一、一些社会建设没有很好地维护社会秩序

（一）我国社会存在失序的风险

社会秩序是指动态有序平衡的社会状态。社会有序状态或动态平衡主要表现为三个方面。

一定社会结构的相对稳定：即所有社会成员都被纳入一定社会关系的体系，每一个人都被置于一种确定的社会地位，各成员及各种社

会地位之间的关系都被社会明确规定。

各种社会规范得以正常施行和维护：一定的社会关系体系要成为一种社会秩序并能维持下去，保持相对稳定，就必须借助于反映与适合其需要的社会规范及规则，以及这些规范和规则被广泛遵守和执行。

把无序和冲突控制在一定的范围之内：一个社会不可能没有冲突和无序的现象，但把它们控制在一定的范围内，也是一种社会秩序。

按照这一定义，近些年来我国社会存在失序的风险。具体表现也有三个方面。

一是社会结构与政治结构和经济结构不相符：中产阶层偏小；阶层流动受阻。

二是社会规范没有得到施行和维护：在相当长时期，很难说一些“关键少数”是社会规范的遵守者还是破坏者；社会上养成了“从恶”的心理取向，希望别人先做出改变。

三是社会冲突管理的效率和效果不佳：社会矛盾多发高发；维稳成本很高。

（二）社会建设工具没有很好地发挥作用

维护和发展社会秩序有多种工具，其中较为重要的是社会建设的工具。但是，多年来我国社会建设工具运用不当，具体表现在三个方面。一是民生工作的设计存在重保障（低保、扶贫、医疗），轻规范（行为、生活方式）的倾向；由于既得利益的阻碍，现有的教育均衡政策难以落实，社会流动受阻。二是公共管理工作存在重竞争（地方、部门、工作人员之间），轻公益心和职业精神培养的倾向。三是社会治理工作整体上没有走出“放”“管”二元怪圈，实际上地方有不少本土创新，特别是“复合治理”模式，但学界主流推崇的是多主体、多元竞争的西方自主治理。

并且，我国社会建设本身也存在可持续性问题。不可否认，多年来我国社会建设取得了巨大成就。2012 年，世界银行与国务院发展研究中心的联合报告指出，在过去十来年，中国社会保障领域取得了举世瞩目的伟大成就。2016 年 11 月 20 日，中国政府获得国际社会保障协会颁发的社会保障杰出成就奖。但是，就是在同一周有外媒报道："老龄化加速让中国财政不堪重负，社保改革迫在眉睫。"

（三）我国社会建设的不相适应主要源自学习偏差

我国社会建设中存在的一些问题，部分是由于没有运用好马克思主义这个主体资源。习近平总书记指出："坚持马克思主义，最重要的是坚持马克思主义基本原理和贯穿其中的立场、观点、方法。这是马克思主义的精髓和活的灵魂。"改革开放 30 多年来，我国社会建设领域的改革和发展借鉴了很多国外经验做法，这是十分必要的。但是，我们往往借鉴的是西方国家的现行制度安排和理论，而对其历史演进过程和支撑条件研究得不够。这方面的例子很多。比如，我国低保成了"唐僧肉"，与忽视历史唯物主义世界观的制度设计和研究有关。我国低保制度参照西方现行做法，过于强调人性化和普惠性，而忽视了西方在几百年制度演变中曾对被救助者所采取的管控性措施，包括剥夺选举权、对受助家庭进行突击检查等。正是由于历史演进过程中所贴上的耻辱标签，当今西方较为人性化的社会救助制度才没有导致大规模的福利滥用问题。再如，我国一些民众存在的只讲权利不讲义务的倾向，与忽视辩证唯物主义世界观的民生保障制度研究有关。人们经常提及西方高福利国家的公民权益，但很少人介绍有关国家公民所尽义务，包括部分西北欧国家实行所有居民家庭收入财产公开制度、美国等国家实行家庭收入和税收申报以及严格的核查制度。西方的高福利是建立在公民按时足额缴纳税费甚至牺牲家庭隐私基础之上的。

我国社会建设中存在的一些问题，部分是由于没有有效利用中华优秀传统文化这个宝贵资源。比如，与同为儒家文化圈的国家和地区相比，我国“吃低保”的人口占比明显偏高，且平均领取年限偏长，这是由于我国适度普惠性的低保制度设计，没有充分考虑勤劳致富和家庭互助等传统美德；而在我国台湾地区，在核定申请者收入时，假定有劳动能力而未就业者可得到当地最低工资，有子女的老人可得到晚辈的赡养费。再比如，我国现行老龄工作方针过于强调国家和社会责任，没有体现老年人个人及其家庭的责任，其结果是我国高龄劳动力的劳动参与率明显低于同等经济水平国家，老年收入构成中劳动收入占比明显低于东亚经济体。在“未富先老”和快速老龄化的紧迫形势下，近年来中央提出“积极应对老龄化”的战略，并相应调整了养老服务、养老保险和医疗保险等涉老领域的政策，但是有关部门仍然简单地理解尊老敬老的传统文化，将老年人视为被照顾、被动接受服务的对象，不愿进一步调整涉老政策或不能很好地落实中央政策。

我国社会建设中存在的一些问题，部分是由于没有全面借鉴国外哲学社会科学的积极成果，特别是关于历史经验教训的内容。在收入分配领域，我国公共部门存在的腐败问题，部分是由于实行了不当的激励机制，重蹈了美国等西方国家的覆辙。美国学者的最新研究表明[①]，19 世纪至 20 世纪初，美国公共部门曾经普遍实行绩效工资，商业化导致公共雇员收入偏高、腐败和执法不当等问题。美国政府随后

① Nicholas R. Parrillo，2013. Against the Profit Motive：The Salary Revolution in American Government，1780 – 1940. Yale University Press.

废除了绩效工资，在60多年里实行的是岗位工资制。在20世纪80年代末和90年代初，随着新公共管理理论的兴起，美国等西方国家一些公共部门又在原有的岗位固定工资主体框架上添加了少量绩效工资。我国20世纪80年代改革开放后，听到的、看到的多是对岗位工资的批评和对绩效工资的推崇，加上我国企业市场化改革的成功以及对计划经济的不当反思，这些共同导致了我们对绩效工资的盲目崇拜和在公共部门普遍过度采用绩效工资。由于商业利益的不当导向以及公共部门绩效难以测量，以绩效工资为主导的工资制对我国教育、医疗卫生等公共服务事业以及政府部门公益性的损害正在逐步显现。

在医疗卫生领域，制度模式学习借鉴也存在很大偏差。过去二三十年，我国的医疗卫生体制改革主要是在借鉴宏观绩效很差的美国模式。因此，改革工作重心一直放在鼓励医疗服务之间和保险服务之间的竞争。这种商业化或市场化的选择，加剧了医疗卫生服务机构的逐利性。改革开放前，我国是发展中国家促进健康的楷模，现在由于盲目学习染上了“美国病”。面对这一巨大反差，最近中央及时提出了“健康中国”的战略，力图走出一条中国特色的、公平高效的国民健康促进道路。但有些部门、有些地区仍热衷于医药卫生产业扩张。

我国社会建设的理论研究和实践与国情脱节。正如郑永年教授所说，我国大多数社会科学研究是用中国数据证明西方理论框架，可以说我国社会科学进入了有效知识供给不足的时代。以社会治理领域为例，突出的问题是矛盾多发高发、维稳成本很高，为此很多地方和产业有不少探索创新，比如成都、杭州等地创建的国家与社会及产业之间的“复合治理”模式，即“你中有我、我中有你”。在学术界，主流的声音是推崇西方的多主体、多元竞争的自主治理模式，对国内实践探索关注得不够，对中国共产党领导的中国特色社会主义这个最重要的基本国情认识不到位。

在一个十亿级人口大国同时推进经济、政治和社会等多重转型，国际上可资借鉴的经验不足，包括社会建设在内的一些领域出现偏差是可以理解的。当前，中国经济发展正经历新常态，政治正走向新生态。从社会主义建设事业总体布局来看，社会建设领域必须及早做出调整和变革。这既需要实践探索，也需要理论创新和指导。

二、融通三方面资源，构建社会新秩序

习近平总书记在哲学社会科学工作座谈会上指出，要善于融通古今中外各种资源，特别是要把握好三方面资源，一是马克思主义的资源，二是中华优秀传统文化的资源，三是国外哲学社会科学的资源，加快构建中国特色哲学社会科学。通过融通古今中外三方面的资源，我们认为“各尽所能”，特别是“关键少数有担当、普通群众能自强”是新形势下优选的、可延续的社会秩序，可以成为中国特色社会建设的理论框架。

（一）从马克思主义理论和实践中寻求思想资源

“各尽所能”，是马克思主义的一条基本原理，十八大以来以习近平同志为核心的党中央在马克思主义中国化创新理论和实践探索中，十分强调调动社会各方面的积极性，特别是关键少数的担当精神。

中国共产党是全心全意为人民服务的马克思主义政党，是中国特色社会主义事业取得胜利的关键所在。习近平总书记一直强调做人和

为官要有担当精神。比如，在2014年10月举行的党的群众路线教育实践活动总结大会上，总书记告诫官员们："我们做人一世，为官一任，要有肝胆，要有担当精神。"在十八届五中全会提出的新发展理念中，共享是一项重要内容，并且中央强调共建共享。正如有学者总结的那样，新一代领导集体在破解难题的同时，也很重视"立"，致力于建构当代中国社会发展新秩序，特别是基于公平正义价值观，最终形成一种各尽其能、各得其所、和谐相处的社会环境和氛围。

（二）从中华优秀传统文化中寻找思想资源

当今中国整体上不能选择老庄"自然无为"的道路，而孔孟之道所提供的"知其不可而为之"等思想资源具有启发性和现实意义。

孔子"仁"的观念，就是以人之内在的普遍自觉的道德意识去开掘价值之源和建立精神支柱。这也是孔子针对当时新生的精英阶层，也就是士人阶层提出的新要求。孔子努力去贯注一种理想主义精神，要求它的每一个分子——士——都能超越他自己个体和群体的利害得失，而养成对整个社会的深厚关怀。后来《大学》提出"修身、齐家、治国、平天下"的观念来说明传统知识分子的人生理想，实际上是将道德、人伦、政治融于一炉，也将自己、他人、家庭和国家融为一体。到了群雄争霸的战国时代，儒家的代表人物孟子表露出了"如欲平治天下，当今之世，舍我其谁"的社会担当意识，特别呼吁士人阶层要"穷则独善其身，达则兼济天下"，并反复强调当政为官者要成为下层百姓亲近效仿的道德楷模，即"人伦明于上，小民亲于下"。对于士人阶层的日常修养，也明确地提出了"富贵不能淫、贫贱不能移、威武不能屈"的为人处世之道，体现了一种不为权势或名利所折服的强烈尊严感。

（三）从国外哲学社会科学中寻找思想资源

在与西方的对话中，要全面研究三种不同发达经济体的社会建设实践，包括其现代化早期的经验教训，特别是要更多借鉴与我们文化相近的日本和“亚洲四小龙”的做法。在发达经济体中，主要有三种社会体制：一是以美国为代表的补缺型福利社会体制，二是以西欧为代表的普惠型福利社会体制，三是以东亚为代表的发展型福利社会体制。从社会成员各尽其能的情况来看，这三种社会体制有些差别。在补缺型福利体制中，精英总的来看很有担当，但普通群众自强的能力有问题。以美国为例，其非裔和拉丁裔学生中15%不能完成中学教育，10%左右的国民没有医疗保险。在普惠型福利体制中，关键少数有担当，但普通群众自强的意愿有问题，比如随着人口寿命延长，西欧人的工作年限和每年工作时间都在缩短。在发展型福利体制中，关键少数有担当，且普通群众自强的能力和意愿都较强。在新加坡、日本和韩国等代表性的国家，中学生在国际学生能力考试中取得的分数都位于全球前列，且公平性很好；其65岁及以上老年人收入的40%来自继续工作。尽管在三种体制中，精英整体上能够维护社会规则，但其担当的内容和形式还是有区别的。在补缺型体制中，精英的自我组织能力很强，自主推动社会经济发展。经典案例是19世纪末和20世纪初美国的社会进步运动。在普惠型体制中，社会伙伴在政府的监督下合作推动社会经济发展。经典案例是德国多年来坚持的三方合作的“双元制”职业教育。而在发展型体制中，社会精英愿意分享发展机会和成果。经典案例是20世纪60年代韩国威权政府推动的“教育平准化”运动。

从公平可持续性来看，三种社会体制也各有优劣。以美国为代表的补缺型社会体制的创新能力很强，但公平性较差，黑人等弱势群体的社会流动性较差。尽管美国体制有利于人才脱颖而出，比如奥巴马成为总统，但不利于黑人等少数族裔整体的社会阶层流动。以西欧为代表的普惠型社会体制的社会质量很高，但经济持续性较差。以东亚为代表的发展型社会体制的效率很高，但生活质量较差。

总之，按照各尽其能来定义的“关键少数有担当、普通群众能自强”的社会新秩序，符合马克思主义的基本原理，与以习近平同志为核心的党中央的执政理念高度一致。此外，它还吸收了中华优秀传统文化的思想资源，借鉴了发达经济体的经验教训。这样定义的理想社会，似乎与传统的基于公平正义的社会建设有所区别，但“各尽其能”本身也是公平正义的一个重要方面，而且还是后者的动态保障机制。

三、改善社会建设，保障社会新秩序

在对古今中外的比较研究中，我们发现“关键少数有担当、普通群众能自强”是一种优选的、可延续的社会秩序。按照这一理想框架，我们建议完善包括民生保障和社会治理在内的社会建设各领域的改革设计并统筹推进。

（一）保障“关键少数有担当”的社会改革

在“关键少数有担当”方面，为了培养和维护关键少数的担当意愿及能力，可推进三个方面的体制机制改革。

*通过使命感教育和录用，弘扬关爱他人和社会的公益精神以及辩证客观地看待问题的世界观和方法论。*这方面的体制机制保障包括招生招聘制度改革以及教学内容和方式改革。重视担当精神相关考核办

法的设计，推进和完善我国大学招生和干部招聘制度改革。同时，应与我国基本国情以及经济社会发展实践相适应，积极探索我国哲学和社会科学教学内容改革，实行受教育者喜闻乐见的教学方式。

保障公职人员的合理待遇和应有尊严，维护和激发他们的积极性和创造力。改革机关事业单位工资制度，在公共部门中可从建立医护人员年薪制入手，以取得早期成果。通过监督和引导医务人员合理诊疗，为公共部门普遍推行薪酬制度改革奠定坚实的民意基础。

通过简政放权，激发社会上关键少数的活力，构建复合型社会治理理论和制度体系。要向各领域的社会精英放权；要特别注意构建国家与社会之间的复合治理架构，激发社会组织活力；要推进有条件事业单位转为社会组织的改革。

（二）保障“普通群众能自强”的社会改革

2012年12月召开的中央经济工作会议提出，要按照“守住底线、突出重点、完善制度、引导舆论”的新思路做好民生工作。与此思路相一致，我们提出“普通群众能自强”的民生工作方针，并区分民生工作的重点和底线。主要政策建议有以下三个方面。

构建发展型或投资型民生保障理论和制度体系，以社会投资性强的赋权授能项目为重点予以优先发展，而以养老保险、最低生活保障等消费性强的社会项目为底线予以控制发展。在开展担当性、使命感精英教育的同时，要强力推进有利于教育机会均等化的既有改革措施落地。以改变医疗卫生服务体系的激励和约束机制为突破口，包括建立公立医院医护人员年薪制以及对逐利行为的监控机制，完善和加快推进人人享有基本医疗卫生服务的体制改革，推动“健康中国”优先战略的实施。

*实行积极的应对老龄化方针，帮助老人自立自强。*调整将老年人视为被动接受者的所有涉老政策，给真正需要兜底的老人更加可靠的保障。

*坚持“造血式”扶贫，在政策投入的同时，精准扶贫要注重贫困社区和家庭内生能力建设。*对于低保人口，也要强调自立自强，调整低保政策，化解低保福利化问题。

（三）保障理想目标，统筹推进社会改革

按照上述思路，我们对统筹推进中国特色社会建设提出了几点综合性建议。

*凝聚共识。*要团结、信任和积聚知识界力量，重建中国哲学社会科学知识体系，总结中国道路的成功机理和指引未来发展。在构建过程中，要充分尊重中国基本国情，要注重与社会主义核心价值观及中华优秀传统文化的融合；要借鉴发达经济体国家建构经验教训，特别是其现代化早期宏观层面和中观层面的基本制度建设。

*扬长补短。*我国的政治经济优势是可以集中力量办大事，要利用未来一二十年中高速增长的机会，着力建构“关键少数有担当、普通群众能自强”的基本制度框架。要更好地发挥政府作用，纠正社会建设领域过度市场化、商业化的做法。着力改变分权不足的问题，在加强顶层设计的同时，要充分鼓励地方和基层进行探索；要探索国家与社会之间多形式的复合治理。在全面从严治党的新形势下，要充分信任各方面的关键少数，同时多渠道改善监管，包括党内监督、行政监管、社会监管和行业自律，并严格处理违法违规者和违背信任者。要进一步加强公开透明，包括行政审批程序、公共服务对象的基本信息以及公职人员的薪酬待遇。

消减阻力、增强支持。可以适当借鉴军队改革的做法，通过“抓大老虎”的反腐方式消减医疗卫生和教育这两个重点民生领域既得利益者对重大改革的阻力。可以通过改善社会投资型公共服务，尽快取得早期成果，寻求人民群众对经济社会领域重大改革的支持。可以通过提高公职人员的薪酬待遇及改善待遇结构，维护和激发干部职工推动改革的热情和创造力。

建立新型社会关系和社会契约。重要的关系包括新型党政关系、政商关系、政社关系以及国家与家庭和个人的关系。另外，要支持家庭建设，帮助家庭更好地发挥基础作用。

我们坚信，在以习近平同志为核心的党中央坚强领导下，我国有希望在2020年前后建立起社会发展新秩序的框架。当然，这也取决于多重因素，其中较为关键的是党政高级领导干部的担当和决断、地方政府的探索创新、公职人员激励和约束机制的重建，以及知识分子、企业管理者和高财富群体的集体觉醒和自觉行动。

执笔人：贡　森

参考文献

[1] 贡森，葛延风．福利体制和社会政策的国际比较．北京：中国发展出版社，2012

[2] 习近平．在哲学社会科学工作座谈会上的讲话（单行本）．北京：人民出版社，2016

[3] 郑永年．重建中国社会．北京：东方出版社，2015

[4] Banuri，S. and Philip Keefer，2015，“Was Weber Right? The Effects of Pay for Ability and Pay for Performance on Pro-Social Motivation，Ability and Effort in the Public Sector”，世界银行政策研究工作论文

[5] Parrillo，N. R. 2013. Against the Profit Motive：The Salary Revolution in the American Government，1780 – 1940. New Haven：Yale University Press

分报告一

建设更加担当的干部队伍

改革开放30多年来我国经济社会发展取得的巨大成就，在相当程度上得益于有着独特激励机制的干部队伍。现在一些干部出现“为官不为”，既有他们对新形势新任务不适应的原因，也反映出相关保障激励机制有待重塑。

一、当前一些干部不作为的主要表现和成因

党的十八大以来，以习近平同志为核心的党中央坚持全面从严治党，党风政风明显好转，但随着各方面监督约束越来越严，一些干部身上一定程度出现了“为官不为”的现象。这种不作为问题，要结合其表现和成因予以辩证认识，才能有针对性地加以治理。

（一）不作为值得关注，其主要表现是一些领导干部在攻坚克难方面不担当

我们在一些实地调研中发现，干部队伍总体上是好的，很多人“5+2”“白加黑”地干，工作非常辛苦；但履职不尽责、不到位又较

为普遍，在各个领域、各个层级都存在；完全不履职、不办事的是个别现象。我们认为，干部队伍在维持日常事务运转外，履职不到位不积极，特别是在攻坚克难上缺乏担当，是不作为的主要体现。各级党政机关领导干部在此方面的表现较为明显，且其负面影响不可低估。

（二）不担当首先源自不会干，即使愿意担当的领导干部知识和能力也不一定适应新形势的需要

一些领导干部既有的能力素质尚不能完全适应新的要求。在很多领域，中央出台的法规政策很多，密集制定新的工作标准，提出新的工作要求，地方疲于应对。同时改革中政府职能转变不到位，编制配置不合理，存在体制方面权责不清、相互掣肘等老问题，以及技术进步等带来的法规真空等新问题。这都导致一些党政干部在需要探索开拓的工作中选择不作为。

（三）不担当更多地源自不敢干，不少领导干部担心干事更可能被追责和问责

我们调研发现，不敢干是导致不作为的更具普遍性的因素。很多领导干部在全面从严治党、强化问责的背景下，不愿得罪人，担心牵出旧账，或被舆论推上风口浪尖并被多方问责追责。不少同志反映，当前不少发展和改革任务与现有规章制度有矛盾，在不合理法规没有修订和容错免责机制不健全的情况下，积极作为的风险较大。

（四）不担当最直接的原因可能是不想干

以往干部们的待遇模式是“社会平均工资 + 多种特殊福利 + 基于经济增长目标的奖金”，虽然工资收入不高，但是只要干事，多数人就可以得到很多“实惠”，形成事实上的高待遇群体。这中间一些“市场交换”的做法，损害了党风政风和公众利益。在党中央狠刹各种不正之风的大环境下，干部们以往大量隐性福利被清理，因职位身份而可获得的灰色收入乃至非法收入也被大幅压减。但是，灰黑色收入“后门”“旁门”被堵的同时，“开前门”“开正门”的体制机制还没有建立起来。在一些高物价特别是高房价的地方，干部的正规工资收入尚不足以维持体面生活。他们认为现行体制机制下付出和回报不相称，容易滋生不想干的念头。还有一些工作中存在的不足之处，比如，事业编制人员与公务员“混编混岗”“同工不同酬”长期存在，也挫伤了一些干部的积极性。

二、中央和地方调动干部积极性的举措和成效

保障激励机制主要针对的是“不想干”“不敢干”，而非“不会干”。本报告以下分析更多聚焦“不想干”“不敢干”。事实上，为推动干部们积极作为，自党的十八大以来，中央和地方都想方设法采取各种举措加以激励，其中有一些创新探索取得积极成效，但在一些干部身上，成效还不理想。

（一）加强理想信念教育，开展各种专题教育活动或专项工作，但高强度高标准照出的差距并未造成“知耻而后勇”

一些干部不敢干和不想干的深层原因仍然在于他们理想信念不够坚定，全心全意为党和人民而奋斗的精气神不足，成为缺钙型干部。针对这一问题，近年来党中央组织开展了各种专题政治学习，强化理想信念教育，并强调与实际工作相结合。但是，巡视公报表明，由于

长期以来治党偏松偏软，多数地区、多数部门领导班子的思想和行为与全面从严治党的高标准都有很大差距。失范面之广，对广大干部思想上有触动，但不一定产生耻辱感。此外，一些地方或部门简单、草率地理解“规范评选表彰”，直接取消或减少了那些本有助于在理想信念方面调动积极性的声誉激励活动，使得激励的方式、手段和力度都不够充足。

（二）树立正确用人导向，强化政治激励，探索容错免责机制，但有关标准难以细化，实际案例不多

选人用人是引导干部作风的重要风向标。党中央修订了《党政领导干部选拔任用工作条例》，中央组织部还推出《推进领导干部能上能下若干规定（试行）》，对各地方各部门用人工作加以引导。在地方上，有的加大干部交流力度，有的积极拓展体制内职位资源，有的不拘一格提拔选用干部，浙江、山东、江西、陕西、吉林、广东等省份都在探索相关容错免责机制，以保护那些积极有为者。但是，政治激励成效受岗位职数和结构、一些制度机制较为笼统而难以操作、指导选人用人的干部政绩考核体系难以建立等因素限制。

（三）待遇上突出规范，但保障明显不足

在干部待遇总体上规范到位的同时，党和政府也开始加强对干部们的待遇保障。比如，中央出台了《关于县以下机关建立公务员职务职级并行制度的意见》《关于对落实有关政策措施成效较明显地区予以激励支持的通知》，2015 年和 2016 年连续两次调整（提高）了机关事业单位基本工资标准。然而，保障激励举措明显不足。近两年中央两次提高基本工资标准的主要目标是优化工资结构，增资的激励作用

极为有限。一些地方推行职务职级并行制度则受到当地财力的制约。党政干部工资标准调整没有与经济增长相挂钩，工资正常调整机制没有建立，其工资待遇与市场同职责或同资历人员相比还存在较大差距。

（四）整治腐败和纠正 GDP 偏向都旨在纠正原有激励机制的弊端，但多任务背景下新的有效的激励机制有待完善

过去相当长时期，在传统发展模式下，晋升排序、绩效工资对于官员追求 GDP 这个单一目标产生了高强度的激励效果，但也在政治、文化、社会、生态文明建设等方面都造成恶果。十八大以来，我们党重拳整治腐败、规范干部队伍管理、倡导新发展理念，虽然事实上降低了党政干部的物质待遇，却也改善了他们的竞争环境，有助于重建风清气正的政治生态，恢复有序健康竞争的动力。然而，引导激励的科学合理的干部绩效考核体系短期内难以建立。

（五）不少地方优化管理手段，督促党政干部履职尽职，但这些方式方法并不适用于推进改革创新工作

广东省有的县市探索采用绩效捆绑考核办法，联合调动职能部门和乡镇主要领导的积极性，取得了一定效果；河北省组织人大代表、政协委员和行风监督员针对领导干部开展公开问政议政活动并进行电视直播，对领导干部触动很大。但是，这些做法涉及的干部数量相对较少，其激励作用也不及精神、政治、物质等方面激励作用更为持久深入。

特别要指出的是，当前党和政府对监督激励也给予了高度重视。派驻、巡视、检查、评估、审计、问责等各种方式发挥了强大威慑作用，然而这些监督更多体现的是压力，是一种问责激励。调动干部积极性既需要完善监督约束机制，更需要强化正面激励机制。

三、健全党政干部保障激励机制的基本思路

健全党政干部保障激励机制，要立足于重塑政治新生态、构建社会新秩序的时代趋势和格局加以谋划。其中尤为重要的是，坚持精神激励为先导的同时，要改进以往存在的不足，采取有力举措强化广大干部的公益心，使改革开放30多年来基本上形成的“奉献+低工资+多种特殊福利+经济增长相关的强激励”模式，转化为“奉献+同类可比工资+少量有条件的特殊福利+其他适当激励”模式。

（一）综合施策和抓住重点，才能有效调动干部积极性

保障激励机制首先要保护和鼓励那些积极作为的少数领导干部，同时也要团结和争取其他的大多数干部来支持这些少数，进而形成推动改革的合力。这就要求和一般普通干部群体相区别地设计差异化的保障激励机制，且重心要放在领导干部群体上。就个体来讲，要统筹考虑物质和精神两方面保障激励机制，并以精神层面为主。在精神层面，既要强化理想信念，又要注重理想信念之外的举措。许多干部关心和讨论的容错机制，本质上是一种精神层面的保障与激励，应当得到很好的设计。

（二）保障激励举措要符合国家构建和社会治理需要

古今中外，公职人员都难以始终如一地保持蓬勃干劲，需要执政者想方设法加以激励。历史地看，其激励方向要与国家构建、社会治理和主要矛盾统一起来。例如，美国18世纪时，法律允许官员的收入与其提供的服务或工作量直接挂钩，但导致有的官员借机敛财，到20

世纪美国就废除了这一挂钩机制，代之以固定工资制。现在，美国等许多发达国家也还在推进多种改革，旨在鼓励创新和调动公共部门的积极性。治理当前中国出现的“不作为”，也要立足于形成国家与社会的良性互动关系：国家要提升能力，改善公共服务，社会活力得到激发，进而认同国家。这反过来要求，对代表国家的党政干部的保障激励，既要充分也要公平，使他们保证公共部门优质高效地运行，最终向社会提供公平可持续的公共服务。

（三）以国家治理现代化为方向，实施“四步走”战略

可以从四个方面改进党政干部保障激励机制，它们内在具有递进关系，但实施中可以同步推进。

第一，*合理设计党政干部的工资水平和结构，切实保障党政干部的待遇和尊严*。作为体面生活和社会尊严的必备前提，党政干部的工资待遇应与细分市场上同类非公从业人员或同等资历和经历的非公人员的待遇水平大体相当，以保证党政机关吸引和留住合适的人才。这是保障和激励机制的基础环节。同时，我们也要注意改进物质待遇激励的方式方法。按照绩效工资在中外运用的实际效果和世界银行的实证研究，以及多重委托代理理论，我们对党政干部的激励机制，应以培养和调动其公益心为前提，主要实行职责明晰的岗位技能工资制，辅以少量基于“多劳多得、优劳优得”原则的、即期兑现的绩效工资。

第二，*强化监督激励机制*。基于对人性中存在自私自利成分的警醒，监督激励仍是重要而必要的。现在，对党政干部各方面的监督问责机制正在强化和完善。随着监督问责走向制度化常态化，其激励效果也将得到充分发挥。今后，强化监督激励机制，除了改进体制内各

种举措外，还应当扩大并加强社会监督，把社会监督和体制内监督有机结合起来。

*第三，以适切性（relevance）标准培养和招收更多具有公益心的党政干部。*一个人接受的教育理念以及贯穿其中的价值观念，是其社会行为的最深层动力，是最为重要的激励要素。党政干部“不用扬鞭自奋蹄”，不仅需要坚定的信念，也需要仁爱情怀和公益精神，还需要辩证客观的思维方式等。要培养更多这样的党政干部，我们一方面要改善干部队伍的培训工作，另一方面还要推进和完善我国高校招生和公职人员考试制度，把关心社会和促进公益的使命感作为选拔人才的重要标准，立足于我国基本国情以及经济社会发展实践，积极探索我国社会科学教学内容及方式改革。

*第四，理顺并优化国家和社会关系。*治理“为官不为”，不仅是要促使党政干部在职责范围内有担当、善作为，同时也要培育和激发市场、社会的积极性。为此，就要配套地推动简政放权，激发社会组织的活力，厉行法治，在全社会营造一个公平公正的氛围。这样一个环境反过来也将促进公职人员规范地积极作为。而且对党政干部的保障激励要有助于建立和保持适当的政府规模，否则膨胀的国家将汲取大量社会资源，压抑社会成长，导致国家和社会的冲突。但是，一些国家机构又要得到强化，比如推进法治，离不开强大而规范的公检法司工作人员队伍。

四、当前可采取的若干重要举措建议

激励广大干部奋发有为，除继续加强理想信念教育和各类业务技能培训等传统方式之外，中央近期可以着重考虑以下几个方面的举措。

（一）彰显奉献精神，以“清”“挤”“教”“留”“引”五字方针再造党政干部队伍

对打造一支精干的干部队伍而言，当前我们正处于极为难得的历史契机。坚持强化执法执纪问责，就会有一批以往涉及违法违纪的官员以“清一批”的方式被逐出干部队伍。这种态势又可以帮助实现“挤一批”，即使那些公益心弱、逐利心强的人员离开干部队伍。接下来，对“留”下来的人员进行更有针对性、更具成效的保障和激励。同时，我们努力在考核选拔人员上更加突出公益标准，把好干部队伍的“入口关”，从源头上提高干部队伍的素质。

（二）更加注重通过树立正反两方面典型，指导地方逐步落实全面从严治党的战略任务

一是针对党政干部年度考核大面积“称职”现象，可以考虑将“称职”细分为若干档次，并给予不同的物质和精神奖励；二是推动各地各部门出台差异化的政绩考核指标体系，真正以考核结果作为干部晋升和奖惩的主要依据；三是细化干部能上能下的具体操作办法，并尝试以修法的形式，打破党政干部事实上的终身雇佣制度；四是鼓励公共部门适度开展强化声誉激励的评选表彰活动。要注重规范引导，体现公开透明，加大对获奖者言行事迹的宣传报道和物质奖励，处理好与以往清理评选表彰等旧政策的关系。

（三）为担当者担当，化解地方干事担当干部的风险

一是中央就经济社会发展中的重点热点问题，专门出台督办文件，明确工作推进的要求、时限和问责机制，从而为地方干部提供明确的政策依据和问责压力，帮助地方干部化解阻力和风险。二是全面

推行经试点证明行之有效的改革经验。比如，国务院在全国推广上海自贸区一些改革举措的成效就很好，类似的复制推广性做法可以再多一些。三是结合监督执纪上“四种形态”的把握，建立鼓励干部干事创业的容错容败机制。“四种形态”的区分本身体现了对大部分有问题干部的保护和激励，但仍要发挥党内法规制度的优势，制定体现“三个区分开来”精神的容错免责的法规性文件；也可以考虑在国家层面出台一部鼓励改革创新的法律，对改革中出现的错误和失败给予一定容忍，以法律手段解决法律掣肘问题。

（四）比照市场相当人员收入水平，尽快建立党政干部合理的工资标准及其正常调整机制，留住和吸引合适人才

要按照《公务员法》，尽快建立市场工资调查制度，比照市场相当人员的工资待遇水平，研究制定公职人员合理待遇和薪酬调整方案；推动党政机关进一步清理完善改革性津补贴和奖励性津补贴；推动事业单位改善绩效工资制度。为促进法治和廉洁，还可以考虑建立党政干部廉政年金制度。

（五）调整完善人财物管理制度，为地方干部履职尽责提供必要的工作保障

尽快研究各层级编制配给政策，着力进行结构性调整。为更好推进在县以下公务员中实行的职务职级并行制度，要对一些欠发达地区给予相应转移支付经费，鼓励有条件的地方探索在更高层级如市级实行。要完善相关政策细则，推动各地方各部门认真落实法律规定的带薪休假制度。最后，按照规范与保障相平衡的原则，制定或完善党政机关办公用房管理办法和公务用车配备使用管理办法。

在改革过程中，对改革开放的前沿和先行地，以及一些改革经验比较丰富的地方，例如深圳市，中央可以有条件赋予其突破有关国家法规先行改革的权限。

从长远上看，只有建立起各级领导干部对民众负责的体制机制，以及相应的政务公开透明机制，才能带给干部们深入、持久、有效的激励和约束。

执笔人：贡　森　包雅钧

分报告二

建立复合治理机制，有序激发社会上关键少数的活力

十八届三中全会明确提出，要实现政府治理、社会自我调节和居民自治的良性互动。治理的相关讨论无不体现出主体性的存在。这里的主体性，指的是参与社会治理各主体的自主性、能动性、创造性、责任心等，而这些主体可能是公民，也可能是组织化的群体，如党政机构、企事业单位、群团和社会组织及其他利益群体。本报告讨论建立有效的机制，保障社会上关键少数有序参与社会治理。

一、治理和社会治理的逻辑起点在于增强各类主体的能力和意愿

*首先，很多社会治理问题源于社会主体性的增强。*一方面，发展中国家当前一系列社会矛盾冲突与人们权利意识的觉醒相关，同时，个人权利观过度膨胀，正是西方发达国家20世纪60年代一系列社会问题与“新社会运动”的重要缘由。亨廷顿指出，在现代化过程中，城市化、识字率和传媒接触程度的提高，都在提高人们的愿望和期待，

如若得不到满足就会因刺激投身于政治。更早地，涂尔干指出，经济繁荣刺激了人们的欲望，使我们误认为可以自行其是，从而引起失范的危险（科塞，1990）。另一方面，国家自主性也成为治理问题的另一个源头。国家自主性体现为意愿和能力的统一，但许多国家会在意愿和能力间出现偏差，导致国家失效乃至失败。再者，威权主义国家中强国家—弱社会的格局导致社会自治空间不足，社会治理欠佳。国内学者普遍认为新中国成立以来我国的强国家体制，大大挤压了社会发展空间，也导致百姓对国家的无限依赖，各种社会问题无法得到有效解决。

*其次，社会治理的诸多创新往往来自多元主体性的合理发挥。*新公共管理运动初期，西方国家在公共部门引入私营部门的管理理念和机制，设立大量独立执行机构，建立责任机制，就是为了调动科层制中公务人员的积极性、主动性和创造性。在后新公共管理发展中，改革的重心从效率转向民主与吸纳公民参与，也是在发挥主体性的作用。因为人不能仅看作是社会生活中被动的消费者和社会秩序的接受者，相反他们具有建设者参与者的角色，其权利和义务是对等的。治理倡导建立国家与社会的合作伙伴关系，实质也是倡导具有国家身份的人和群体，与具有社会身份的人和群体的合作，这也预示着一种更加平等的理念。

*再次，社会治理的终极目标是最大限度地增进公共利益，满足主体性需求，并在两者间实现平衡。*治理寄托民主、法治、平等、透明、廉洁、高效等价值诉求，即是为个人主体性的成长创造社会条件，促进人的全面发展。而包括协调社会利益、解决社会问题、化解社会矛盾、应对社会风险、维持社会稳定、激发社会活力、促进社会正义在内的基本任务也体现了普遍的公共利益。公共利益往往和人的主体性

需求间存在矛盾，基于人性的弱点，过度膨胀的主体性需求会扭曲民主法治精神，因而又必须把主体性约束在一定范围之内。社会治理的精髓就在于既要发挥和调动人的主体性，又要适当限定人的主体性，当然实现这一点非常困难，需要高超的治理技术。

*最后，我国改革开放所取得的一系列成就可以说是人的主体性成就的展示。*1979 年李泽厚在《批判哲学的批判》中提出了人的主体性问题，他把“Subject”一词从“主观性”转化为“主体性”，掀掉了过去压抑人自主、自觉等特性的帽子，自此后主体性也成为社会科学界的旗帜、纲领和口号（张法，2010）。改革开放以来，呼唤人的主体性、倡导人的主体性成为时代的主旋律（袁贵仁，1988）。正是人的主体性的发挥，我国市场经济建设才取得伟大成就，而市场经济体制反过来又巩固和强化了主体性的发展。当然，主体性不够成熟的一面也开始显现，可以集中概括为三方面：以物质满足为中心的个体主义，追求统治自然的人类中心主义和不考虑他人的单独主体性，从而滋生了大量灵与肉的冲突、人与环境的冲突、个体与社会的冲突。这些问题较为普遍，所造成的消极社会后果也在累积加剧，表现为信任缺失、腐败横行、环境污染、贫富悬殊等。历史告诉我们，解决此类问题需要国家制度建设加以保障。过去的 30 多年中，中国已经建立了一套基本的国家经济制度，但社会制度则远没有建立。在当今发达国家，社会制度的建立往往和持久的充满暴力的工人阶级运动甚至革命联系在一起。一些国家的政治精英能够实现“铁血”政策，超越既得利益，自觉改革；也有一些国家受制于既得利益，未能改革，导致暴力式社会运动和革命的发生（郑永年，2010）。

由此，我们认为，治理以及社会治理内在的逻辑支点就是主体性，治理与社会治理就是要通过培育国家、社会（包括市场）的自主性，充分发挥他们的积极性和协作自治能力，加强主体间的合作共治，推动社会发展。而为了更好地发挥社会主体的作用，一套设计良好的基本社会制度是目前我国社会治理所需要推进的。

二、现代社会就是一个不断分化与整合的社会

社会发展过程中既有分化的动因，也有整合的需求。分化是事物发展的内在动力，当社会领域和价值分化到一定程度，社会矛盾、价值危机愈演愈烈时，社会整合的诉求也就凸显出来，现代社会就是一个不断分化与整合的社会（王虎学，2009）。分化与整合不仅是分析现代化的两个重要概念，也被认为是现代化进程的双重逻辑（吴晓林，2012）。经典的社会学家都曾就此进行过理论阐释。

涂尔干注意到社会分工对社会整合的影响，认为在传统社会中，人是高度同质化的，社会整合的基础是共同信仰和集体意识，而现代工业社会是基于社会分工的整合模式，个人在职业或专业领域更加自由，但同时也更加相互依赖，社会从“机械团结”转向“有机团结”。虽然涂尔干强调，现代社会通过不同组成部分的紧密配合和相互依赖可获得某种程度的整合，但仍然意识到：有机团结的社会也存在让个体原子化的因素，缺乏共同信仰体系和群体意识，现代社会就无法取得某种程度的整合（科塞，1990）。

作为结构功能主义理论的集大成者，帕森斯的主要理论旨趣在于回答社会秩序何以可能（贾春增，2000），认为任何行动系统都必须满足四个基本的功能要求，即适应（Adaptation）、实现目标（Goal Attainment）、整合（Integration）、模式维持（Latency Pattern Maintenance），这一理论往往被简述为 AGIL 理论框架。专门化结构能够更

有效地实现它们所承担的功能，因此，结构分化的层次是社会现代化程度的重要指标，社会进化是通过内部结构不断分化实现的。但是，结构分化会带来子系统间边界关系的复杂化，以及各子系统内部结构分化速度和水平的不一致，打破原有边界关系的平衡，造成子系统间关系的紧张和紊乱，增加社会整合的困难，甚至导致社会变革，但有些紊乱可以通过系统内部机制调节而恢复（贾春增，2000）。

在《现代社会体系》中，帕森斯进一步将社会进化过程概括为与结构功能相对应的四个抽象演化形态。第一，适应性增长过程，集中反映在经济活动效率的提高上，它增强整个社会的适应能力。第二，分化过程与目标实现子系统相联系，社会结构的分化表现为目标的分化并提高实现目标的能力。第三，发展着的容纳过程。为了使结构分化不至于导致系统分裂，系统整合要求提高，民主化制度的建立是这一过程的集中表现。第四，价值的沉淀为高度分化的现代社会提供抽象的模式和统一的基础。随着分化程度提高，抽象的共有价值逐渐代替各种规范，是模式维持子系统在进化中所发生的最显著变化（贾春增，2000）。

卢曼则认为，在宗教改革与世俗化过程中，社会系统不断进行功能分化，不同子系统形成自身的二元编码，不同子系统承认差异，整个社会也就形成一种整合。

三、现代社会整合的关键在于主体间有效互动，我国的出路在于复合治理

社会分化与整合中最基础的就是人的分化和整合，社会整合是社会治理任务的本质，社会治理一定程度上都是整合性的社会治理。人

之所以能够分化，就在于具有对自身利益的辨识与追求能力，人的分化本质上是利益追求与利益地位的分化，是主体性的表现。然而，在特定社会条件下，利益总量是有限的，分化产生利益矛盾，当影响到他人以及所属群体的利益时，自身的主体性也就面临约束。人同时具有个性需要与群的意识，二者矛盾统一。人的主体性内在要求，人既要考虑自我，又要考虑他人，在结构层面就体现为分化与整合。现代社会的一个重要特性就是鼓励自我考虑，鼓励自我的利益追求。传统社会通过倡导对神秘力量、强大权威、共同信仰的尊重来压抑人性，维持社会秩序。而在“祛魅”的现代化进程中，传统整合力量日渐消解，使得现代社会整合需要更多从制度建设上寻找新途径，使社会成员对他人以及整个群体的利益予以考虑，也只有在考虑他人和群体利益的条件下，个人利益才能得到更好保障。因此，实现社会分化与整合的均衡，促成人的主体性的合理发挥，就是现代性面临的治理难题。由于在社会层面上分化往往胜于整合，均衡并不能自动实现，致力于实现更好的社会整合，也就成为社会治理所要面对的重要使命，因而，社会治理也都具有社会整合的意味。

社会整合的关键是有效协调社会子系统间的互动关系，保持社会的活力，增进社会成员的公共福祉。怎样实现社会整合？借用卢曼的理论，社会分化的各系统功能健全、相互承认，整个社会也就达到了整合的目标，而国家、市场与社会就是市场经济时代社会中最基础的三个系统。但是并非在所有社会中，这三个系统都是健全的，国家、市场和社会功能紊乱，就不可能有社会整合，甚至带来社会混乱。社会治理倡导国家与社会的合作，其潜在的意思是，国家和社会不仅是社会整合的中心力量，而且这种合作也是国家与社会完善自主性的必要路径。在国家职能转换的背景下，当代学者着重描述社会自主性的发展，思考国家与社会的关系（李瑜青，2002）。弗里德曼（2003）认为，公民社会能在一般意义上的治理以及解决贫困和不平等等更为具体的领域发挥作用。尽管国家自主性和社会自主性对于西方社会治理都非常重要，但却存在社会优先于国家的关系，即社会自主性决定和制约着国家自主性。社会自主性在西方的重要传统也促使其民主和法治等国家机制的形成。社会自主性出了问题，国家的功能也会失调，若国家被社会绑架，就会形成一种法西斯政权。“二战”后西方国家出现的一系列社会问题，如犯罪、社会混乱、社会信任的下降，在很大程度上折射出社会在发展中自主性发生了偏差。福山（2002）把这一系列社会问题描述为大分裂，而其核心原因就是道德个人主义的膨胀和由之而导致的团体小型化，后者反映了最大限度扩大个人自主权的欲望和对大型机构权威的怀疑。因此，对于西方后工业化社会来讲，根本的社会治理问题不在于国家，而在于社会，有关针对社会的药方要比国家的药方更有疗效，比如倡导公民精神等价值理念。

我国的社会整合更要强调政府主导下的社会参与作用。善治表示国家与社会、政府与公民间的良好合作，善治离不开政府，但更离不开公民（俞可平，2014b）。目前，世界上大致存在四种类型的国家体制：以美国为代表的弱国家—强市场—强社会体制，以欧陆国家为代表的较强国家—强市场—强社会体制，以日本、韩国和新加坡为代表的市场和社会力量都较强的威权主义体制和以中国为代表的国家主导—新兴市场—弱社会体制。对我国特别重要的是，要发挥社会的自我调节和居民自治力量，最大程度地促进多元合作参与，激发社会活力。当然，对于我们这样一个社会尚欠发育的国家来讲，思考国家自主性的合理发挥依然重要。曾几何时，对于西方资本主义的发展，一种代表性的理论思潮是主张限制国家作用。斯密和哈耶克的自发秩序思想是典型的代表，认为人是自利的，人们自动追求利益将会导致整个社会利益的最大化，相应的市场秩序是自发的，不应当对市场经济加以干预。然而，市场经济并不仅仅带来经济繁荣，其内在问题和实质已经被马克思和恩格斯深刻地揭露。现实中，资本主义国家也并非完全放任，而是针对出现的各种经济社会问题加以积极干预，这体现了国家的自主性。波兰尼（2013）指出，自由放任绝非自然产生的，如果让事物自然发展，决不会产生自由市场，通往自由市场的大道要依靠大量持久、统一筹划的干涉主义。这表明，在市场经济发展初期及其全程，国家也充分保持其自主性，并在应对经济社会问题中逐步完善其自主性，体现了一种自上而下的社会整合。在我国，马克思主义高度重视国家自主性，这一点已无须再重复强调。国家的作用不仅体现为阶级统治的工具，还体现在为实现这种统治而必须具有一定的超越性和公共性。至于社会的自主性，马克思在论述国家之产生基础时就指出了，社会是一个结构、运动和发展方向都具有规律的有机体，对国家具有决定性作用。但是，相对于国家学说而言，对马克思主义的社会学说，我们一直研究不够（俞可平，2013）。这不仅造成我国当前的社会治理理论指导资源的匮乏，也对现实社会治理推进形成制约。

基于主体性视角和社会分化与整合的分析框架，在中国共产党领导、国家主导、弱社会、新兴市场、人民民主的治理背景下，我们的社会治理应该是国家主导、强调激发社会活力的复合型社会治理。而所谓复合治理在于打破系统世界的分割性，谋求各个治理主体间的更加紧密的合作互补关系（杨雪冬，2004；郑杭生、黄家亮，2012）。它本质上是一种合作治理模式，但比合作治理更加强调不同主体在一个机体或组织中的有机结合。复合治理是“你中有我、我中有你”的合作治理。

近年来浙江杭州市推进社会公共事务治理中的复合治理，形成了一个政府与社会联动的社会治理组织体系，很是引人关注，无论是社会型复合主体实践，还是行业型复合主体实践，抑或项目型复合主体实践，都取得了不错的成绩（陈娟，2011）。

中国的社会转型与发展任重道远，在中国共产党的领导下，通过国家与社会的良性互构，调动社会有序参与完全可以期待。经过革命和建设洗礼的中国共产党，已经变得越来越成熟自信，在应对经济社会转型给我们带来的社会治理艰巨挑战中，扮演着最为关键的角色。在当代中国，国家或政府治理能力对于社会治理来说尤显重要。就经济发展与政府治理能力之关系的国际比较来看，中国正处在一个从较低向较高人均收入阶段过渡的时期，在未来的发展中，政府治理能力将成为经济进步的重要因素，也会进一步影响社会各方面的进步（张弘、王有强，2013）。在经济新常态下，以往唯 GDP 主义发展模式的负面影响开始显现，劳动力要素表现出新的特性，人口老龄化迅速，劳动力成本上升，公民权利意识不断增长，个性需求不断涌现，这要求进一步调动人的主体性，更多吸纳社会参与，给予组织化社会参与空间。同西方国家比，我们天然地具有推进治理的体制优势，治理要求妥协、协商和合作，中国共产党具有统筹全局、协调各方、组织动员的角色优势，有利于形成多元主体复合型社会治理架构，为全体人民更好发挥主体性创造了基本的政治体制条件。在全面深化改革中努力完善和发展这一体制，就要既改变政府唱独角戏的社会治理模式，又要改变社会自主治理的不切实际的幻想，把政府与社会主体（含市场主体）的有机结合摆在社会治理和社会建设的首要位置。

执笔人：包雅钧　贡　森

参考文献

[1] Daron Acemoglu, James A. Robinson, 2012, Why Nations Fall, the Crown Business
[2] Francis Fukuyama, 2014, Political Order and Political Decay, Straus and Giroux
[3] Gill and Raiser, 2012: Golden Growth: Restoring the Lustre of the European Economic Model, World Bank, Washington DC
[4] 奥斯本，盖布勒．改革政府——企业家精神如何改革着公共部门（中译本）．上海：上海译文出版社，2006
[5] 波兰尼．巨变：当代政治与经济的起源（中译本）．北京：社会科学文献出版社，2013
[6] 陈娟．复合治理：城市公共事务治理的路径创新——以杭州“社会复合体”实践为视角．中共浙江省委党校学报，2011（4）
[7] 弗里德曼．国家、公民社会与社会政策：一种研究路径的确立．公民社会与治理．北京：社会科学文献出版社，2003
[8] 福山．大分裂：人类本性与社会秩序的重建（中译本）．北京：中国社会科学出版社，2002
[9] 福山．国家构建：21世纪的国家构建与世界秩序（中译本）．北京：中国社会科学出版社，2007
[10] 福山．政治秩序的起源（中译本）．南宁：广西师范大学出版社，2014
[11] 亨廷顿．变化社会中的政治秩序（中译本）．上海：上海世纪出版集团，2008
[12] 亨廷顿，哈里森．文化的重要作用（中译本）．北京：新华出版社，2010
[13] 亨廷顿，克罗齐，绵贯让治．民主的危机：就民主国家的统治能力，写给三边委员会的报告（中译本）．香港：中华书局（香港）有限公司，1990
[14] 贾春增．外国社会学史．北京：中国人民大学出版社，2000
[15] 科塞．社会冲突的功能（中译本）．北京：中国社会科学出版社，1989
[16] 科塞．社会学思想名家（中译本）．北京：中国社会科学出版社，1990
[17] 克里斯蒂纳·阿尔恩特，查尔斯·欧曼．政府治理指标（中译本）．北京：清华大学出版社，2007
[18] 李强．社会学与社会治理．中国民政，2015（3）
[19] 李瑜青．市民社会理念与社会自主性发展．北京行政学院学报，2002（1）
[20] 林彬．科尔曼的“理性行动理论”．杨善华主编．当代西方社会学理论．北京：北京大学出版社，1999
[21] 林卡，赵怀娟．论生产型社会政策与发展型社会政策的差异和底蕴．社会保障研究，2009（5）
[22] 卢曼．社会权力的来源（第一卷）（中译本）．上海：上海人民出版社，2002
[23] 米格代尔．社会中的国家：国家与社会如何相互改变与相互构成（中译本）．南京：江苏人民出版社，2013
[24] 欧树军．国家基础能力的基础．北京：中国社会科学出版社，2013
[25] 皮耶，彼得斯．治理：政治与国家（中译本）．新北：台湾智胜文化事业有限公司，2002
[26] 任剑涛．推进国家治理与社会治理现代化．北京：当代中国出版社，2014
[27] 唐兴霖，周幼平．整体型社会政策——对发展型社会政策的理性认知．学海，2011（5）
[28] 陶建仲．复合治理下的国家主导和社会自主．浙江学刊，2014（1）
[29] 王虎学，万资资．分化与整合：现代社会的哲学诠释．山西师范大学学报，2009（4）

[30] 王沪宁．政治的逻辑．上海：上海人民出版社，2004
[31] 王浦劬．国家治理、政府治理和社会治理的含义及其相互关系．国家行政学院学报，2014（3）
[32] 王绍光．国家治理．北京：中国人民大学出版社，2014
[33] 吴晓林．现代化进程中的社会分化与整合．河南大学学报，2012（3）
[34] 吴志成．西方治理理论述评．教学与研究，2004（6）
[35] 向德平．发展型社会政策及其在中国的建构．河北学刊，2010（4）
[36] 徐碧辉．主体性问题研讨会综述．人文杂志，1993（1）
[37] 徐湘林．中国的转型危机与国家治理：历史比较的视角．复旦政治学评论，2011
[38] 杨雪冬．全球化、风险社会与复合治理．马克思主义与现实，2004（4）
[39] 叶裕民．成都统筹城乡发展中的社会治理创新．杭州（我们），2011（7）
[40] 俞可平．治理与善治．北京：社会科学文献出版社，2000
[41] 俞可平．作为一种新政治分析框架的治理和善治理论．新视野，2001（5）
[42] 俞可平．民主法治与国家治理的现代化．北京：当代中国出版社，2014
[43] 俞可平．论国家治理现代化．北京：社会科学出版社，2014
[44] 袁贵仁．主体性与人的主体性．河北学刊，1988（3）
[45] 张法．主体性、公民社会、公共性——中国改革开放以来思想史上的三个重要观念．社会科学，2010（6）
[46] 张弘，王有强．政府治理能力与经济增长间关系的阶段性演变．经济社会体制比较，2013（3）
[47] 张静．通道变迁：个体与公共组织的关联．学海，2015（1）
[48] 郑永年．中国模式．杭州：浙江人民出版社，2010
[49] 郑永年．中国要在民主化前把国家制度建设好．中国青年报，2010－10－27
[50] 郑永年．中国道德解体的根源．南方人物周刊，2011
[51] 郑永年，黄彦杰．中国社会改革的政治动力．吉林大学社会科学报，2011（1）
[52] 周晓红．国家、市场与社会：秦淮河污染治理的多维动因．社会学研究，2008（1）
[53] 周雪光．无组织的利益与集体行动．社会发展研究，2015（1）

分报告三

推进事业单位转为社会组织

党的十八届三中全会做出的决定，国家第一三个五年发展规划纲要，都明确指出要“推进有条件的事业单位转为社会组织”。这是一项重大改革部署，但对此中央层面尚无顶层设计，地方层面也无创新探索。为推动这一改革要求早落地、见实效，我们进行了一些调研和思考，提出以下建议。

一、充分认识转制的重大意义

认识是行动的先导。在推进有条件的事业单位转为社会组织改革方面，人们还存在一些认识误区，比如，有的认为这一改革无关紧要，有的认为事业单位可以自我完善而不需要转制探索，有人甚至质疑迈向社会组织的转制方向。这些根本上都是由于对事业单位和社会组织的区别认识不清，进而不能认识到这一转制的重大意义而导致的。

（一）事业单位易受行政干预，提供公益服务质量效益总体不高

事业单位是国家利用国有资产举办、存在行政级别、提供社会公

益服务的公共组织。由于人、财、物主要依赖行政配置，易受行政干预成为所有事业单位的共性特征。特别是，因为受到行政庇护，政府不易于监管事业单位提供的公益服务，监管者容易被俘获，社会监管又非常困难。一些事业单位还存在职能定位模糊、机制不活、提供公益服务的质量和效率不高等问题，有的甚至背离公益性，形成强烈的逐利取向。

（二）社会组织在提供公益服务方面具有很大优势

它主要利用社会资产举办，实行岗位用人，内部运行机制灵活，不易受行政干预，不以营利为目标，从而保证了较高的公益服务质量。社会组织还能充分调动各类社会资源服务于公益目标，便于政府监管，也易于通过舆论等方式接受社会监督。在我国，一些社会组织像深圳光启理工高等研究院、华大基因等，都产生了很好的社会公益效应。此外，在一些领域，由社会组织承担公益服务也便利于国际合作交流。比如，国际上的体育赛事普遍由各类协会承办，民办非企业单位开展科技前沿攻关获取政府补贴符合 WTO 规则。

（三）这一转制具有重大意义

将一些有条件的事业单位转为社会组织，就是要充分发挥社会组织的优势，引入社会竞争机制，推动公益服务提质增效。同时，这有助于减轻政府负担，促进政府职能转变，特别是提升政府监管能力。这一转制还将壮大社会组织力量和促进社会参与，打破事业单位垄断公益服务的格局，优化政府与社会关系。

这一转制有助于探索事业单位改革的新路径。在全国范围内，事业单位的体制内改革成效较为有限。建立健全法人治理结构是一个代表性改革方向，但不少试点已暴露出很多内在难以克服的弊端，例如上级单位不愿意放手由理事会自主决策。从事业单位走向社会组织，已成为推动公益服务繁荣发展的时代方向。

二、多措并举化解转制阻力

推进有条件的事业单位转为社会组织，必然会触动现有利益格局。这就要通盘考虑，有效化解阻力，争取主要利益相关方的支持。

（一）推动合理使用国有资产，赢得资产管理部门的支持

事业单位转为社会组织时，如何处置占有的大量国有资产非常关键，这正是财政、国资等资产管理部门的忧虑所在。为此，必须明确国有资产可以和社会资本一道服务于社会公益事业的原则。国有资产实现公益的形式可以多种多样，在经济领域，它可以和非国有资产形成混合所有制；在社会领域，它也可以和社会资本合作举办公益服务事业，也可以通过附条件的捐赠、托管或租赁等方式提供给社会组织使用。国际上，社会组织租赁政府资产开展公益服务的现象较为普遍。当然，对它们要进行严格的评估和登记，并由专门运营公司或行政部门监管，确保国有资产不流失和保值增值。

（二）划定社会组织可占有使用的国有资产最高标准，避免部门管理冲突

社会组织可占有使用的国有资产必须有一定限制，以保障该组织的社会属性，也为理顺相关监管关系创造条件。现实中，正是由于这一标准不清，占有少量国有资产的社会组织，同时面对民政部门和编

制部门的管理要求而无所适从，两大部门也容易产生管理冲突。而个别地方的编制部门根据“事业单位是占有国有资产主办公益事业的组织”这一定性认识，对具体占有比例不加区分，就要求或推动一些社会组织到编制部门登记，事实上对中央布置的“推动有条件的事业单位转为社会组织”的改革要求形成扰动。因此，我们建议在国家层面，明确社会组织可以占有使用的国有资产不超过总资产的1/3。编制部门和民政部门可根据这一原则，指导和推动有关事业单位转制为社会组织。

（三）切实保障合法权益，赢得转制对象的支持

转制事业单位的人员往往难以舍弃体制内身份和附带利益。这也是浙江省人民政府办公厅出台文件，支持将部分社会组织登记为事业单位的主要原因。要赢得被转制对象对改革的支持，以下举措至为关键：一是借鉴已有的各类改制经验，以买断工龄等形式给现有人员身份转换以合理补偿；二是分不同群体及时实施社会保障的接续转移；三是为社会组织内外间的人才流动创造便利化的制度条件；四是在从业人员薪酬待遇方面为社会组织提供灵活的政策空间，保证社会组织能充分吸引人才。

三、明确转制条件，积极稳妥开展试点

通过组织专家研讨，我们认为可转制的事业单位应具备四方面特征：一是不以营利为主要目标；二是调动社会资源的能力较强；三是意识形态属性不强；四是所提供的公益服务易于政府购买和监管。按照这些标准，以下两大领域的事业单位可优先考虑开展转制改革：一

是社会服务领域，比如从事养老服务、少儿服务和残疾人服务的机构；二是科技领域，特别是从事自然科学研究的机构。另外，以社会团体形式或名义存在的事业单位，或者为社会组织服务的事业单位，应当纳入优先转制范围。

推进有条件的事业单位转为社会组织，方向正确、技术可行，建议尽早列入中央全面深化改革领导小组审议事项日程，搞好顶层设计，并在国务院层面建立协调机制。同时，宜尽早鼓励中央各部门、地方各级政府在上述领域内，优先选择人数相对较少的事业单位开展试点探索，处理好改革、发展和稳定的关系，取得经验后再总结推广。

执笔人：包雅钧　王伟进

分报告四

社会政策与国家构建的国际实践及对我国的启示

一个国家的发展成效，与国家制度和国家能力有着显著关联。这一点近些年来得到人们广泛认同。也就是说，许多发展中国家因为在国家构建上的失败导致发展受阻。从制度视角出发，福山（2004）认为，国家构建就是新的国家制度的创建和既有制度的强化。从能力视角出发，罗伯茨和舍洛克（1999）认为，国家构建是一个过程，在此过程中国家能力得以赋予、提升或恢复；能力（capacity）是指国家有效治理的能力（ability）。本文尝试整合这两种视角来理解一些国家通过社会政策工具进行的国家构建。所选择的案例包括英国的国民卫生服务、美国的社会保障、德国的社会保险、新加坡的住房公积金以及日本和韩国的教育均等化制度。基于这些案例研究，本文认为中国应当优化社会政策项目，特别是要改进和重点发展那些对国家构建至关重要的社会政策。

一、国民卫生服务：英国的象征

英国前首相托尼·布莱尔曾经这样言及国民卫生体系在整个国家中的重要地位。2012 年奥运会开幕式上，英国骄傲地向全世界展示了其国民卫生服务。布莱尔之所以这么说，是因为国民卫生服务是一项公民权利，即英国的每一位合法居民，无论是生活在英格兰、苏格兰、威尔士或北爱尔兰，都可在整个国家领土范围内，在需要时免费享受几乎同等质量的医疗卫生服务。事实上，合法长期居住的非英国公民也可同等享受英国公民的卫生权利。过去 30 年来，英格兰的国民卫生服务体系试图以各种准市场化提供方式来改善服务供给效率；在苏格兰，国民卫生服务体系始终坚持传统的服务供给方式。尽管两个区域在卫生服务供给理念上存在很大差异，但是英国全国每个地区的医疗费用保障待遇几乎是一样的。

通过国民卫生服务体系中“家庭医生的守门作用”，英国政府可以获得整个疆域内最新人口信息，这些信息可以提供有助于国家治理和基本公共服务的关键性数据。

一些英国媒体和保守政客对英国国民卫生服务制度有很负面的看法，中国的许多政策制定者也附和这些观点。然而事实上，国民卫生服务制度的国际表现十分优异。更为重要的是，它得到英国公众及专业人员的认可。英国公众认为，国民卫生服务是在20 世纪仅次于“二战”胜利的伟大事件。在我们接触的英格兰卫生服务管理者和专业技术人员中，很多人对该地区卫生服务提供的商业化和市场化做法感到很不舒服。有的专业人士甚至有意无意地歧视非国民卫生服务患者，即那些付得起昂贵商业保险或者自掏腰包支付昂贵医疗费用、可以优先享受到卫生服务的患者。公立医院的医生可以在一定限制条件下给非国民卫生服务患者提供服务，但是一些医生倾向于将其个人收入捐赠给医院来补贴享受国民卫生服务的患者。

二、美国社会保障：强化联邦政府义务与权威和促进全国统一市场的形成

正如一些学者（徐晓新、高世楫、张秀兰，2013）总结的那样，美国联邦政府自19世纪60年代以来已经渐渐地参与到社会保障领域，这个领域传统上是私人慈善和地方政府的领地。联邦政府的这一干预是从退伍伤残军人保障项目的引进开始的，并经两个明显的社会政策创新阶段得以发展壮大。一个就是20世纪30年代的“新政”，社会保障法案得以通过；另一个是20世纪60年代的“伟大社会”，它增加了一些针对穷人的项目。

随着美国社会保障的演化，美国人权范围也从公民权利和政治权利向经济社会权利扩展。这一扩展帮助人们接受和认可联邦政府，也带来联邦政府职能的拓展，尤其是在经济社会领域。同时，这也强化了政府的财政和行政能力（Skocpol，1992）。这一进程重新界定了公民和联邦政府的契约关系，也重塑了州与联邦的关系。因而，一些学者（徐晓新、高世楫、张秀兰，2013）认为，美国社会保障的演进过程也是其国家建构的过程。

美国由于其独特的建国历史而具有高度地方主义的传统。然而，要形成一个一体化的市场又需要呼唤一个强大的全国性政府。社会保障的发展历史改变了美国人民对公民内涵的认识，这一概念从社区层面向地方层面进而向整个国家层面延伸。社会权利的整合与扩张，有

利于强化人们的国家认知。此外，与日俱增的社会保障责任也赋予联邦政府动员和分配更多的财政资源，创建和强化大量的联邦组织和专门机构。结果，行政网络慢慢地渗透到公民日常生活的各个方面。正是由于社会保障作为联邦政府的一项基础性职能，它增强了联邦政府管理和服务公民的能力，也促进了美国的社会和谐。

美国社会保障体系的核心是由联邦政府直接提供的养老金项目。在美国，对年满 65 岁及以上的老人来说，联邦养老金、工作收入和私人退休金是他们三块主要的收入来源。对普通劳动者来说，每一块都占到其老年收入的 1/3。和其他的经合组织成员国相比，美国联邦养老金在老年收入中的比例不算高，它在政府、个人和市场间实现了较好的平衡。事实上，美国联邦养老金项目的隐性债务要比其他经合组织国家低许多。因此，美国养老金体系从长远来看有更强的可持续性。

三、德国社会保险：统一国家的重要补充举措

在 19 世纪 80 年代和 90 年代，俾斯麦建立了德国历史上第一个社会保险制度。他当时的计划是建立一个由联邦层面的政府机构来管理的统一的国家体系（De Swaan，1988）。这一想法遭到地方主义和独立性两派的强烈反对，俾斯麦被迫在立法方面采取了灵活的立场。最终的妥协是在国家层面出台统一的法令，但由各行业基于社团主义分别管理其社会保险。尽管以行业为基础的管理是碎片化的，但它也削弱了新生国家面临的最大挑战，即地区分裂倾向。俾斯麦首相没能实现统一国家体系的理想目标，退而求其次，新建的社会保险制度帮助削弱了南部分离主义，这也是非常好的结果了。

从中世纪以来，德国一直分裂为数百个城邦，各个地区都有各自的税收政策和货币，跨地区的货物交换必须交付道路桥梁通行费。1834 年，德国关税同盟成立，这是打破跨地区经济税收障碍的首次努力。俾斯麦首相坚定推进国家统一进程，他采取了军事、政治、经济和社会措施来排除地方分裂。因而从统一这个角度来看，他在社会领域的制度建设是整个统一进程的一部分，是为了要从政治上和战略上巩固新生国家。

四、新加坡的"居者有其屋"计划：社会整合与治理的重要平台

在 20 世纪 50 年代国家独立后，新加坡政府没有遵循英国模式来推进基于税收和保险缴费的国民卫生服务和社会保障制度，而是更强调家庭和个人责任。为此，新独立的新加坡基于储蓄理念创立了中央公积金，满足居民家庭的基本需要；在演变过程中，逐步将保障重点放在住房上。1955 年立法通过的中央公积金最初旨在提供退休后的一种保障。它得以建立，是立足于促进自立、传统的家庭支持系统、勤俭节约、积极工作和非通胀的经济增长等国家社会经济发展的基本理念基础之上的（San，2004）。多年来，中央公积金的使用范围逐步扩展，可用于帮助满足住房、医疗、教育需要，实现国家社会、经济和政治目的。当然，有人批评新加坡长久以来在社会福利体系中过于重视住房（Phang，2007）。

如同桑（San，2004）指出的，新加坡国家构建中的关键支柱要归功于 1969 年的"居者有其屋"计划。与此相配套，中央公积金支付范围首次得以扩大。该计划旨在帮助工薪家庭购买受补贴的公共住

宅，一项重要的举措是允许他们从中央公积金中提款和借贷。对于这一计划的政治经济动机，时任李光耀总理做了很好的注解。他说，“我首要的长远之计就是要让每一位公民与这个国家及其未来的命运相依。我想要（建立）一个居者有其屋的社会。我看到了那些低价出租而又使用不当和得不到很好修缮的公寓的街区，与那些自有住房所在街区之间的强烈反差。我确信，如果每一个家庭都有自己的家，国家就会更稳定……我相信所有权的意义对我们这样一个在共同历史经历中没有深厚根基的新社会是至关重要的。”确实，新加坡的总设计师及随后的决策者赋予公共住房计划许多功能。它不仅向所有人保证承担得起的住房，也防止了新加坡普通家庭遭受私有住房资产泡沫所带来的不利影响——这一现象在东亚经济体中是相当普遍的，还有益于促进不同族群间的社区和谐、巩固传统大家庭关系。

1970 年新加坡居民的住房自有率是 29%，2004 年上升到 93%。虽然新加坡和中国香港一样，都有快速上升的资产泡沫，但它对普通家庭的社会影响，在新加坡要比在香港小得多（Yueh，2014）。面对大量移民和多种族的社会，“居者有其屋”计划在新加坡社会的形态中扮演着十分重要的角色（Phang，2007）。在公共住宅计划项目下，公共建设的小镇的设计和分配，都整合了不同收入和种族的人群，防止低收入者聚集或形成贫民窟。住房政策还被用来支持家庭功能发挥，不鼓励个人无论是老人还是年青人独自生活。住房执行机构被授权对婚姻内出轨住民给予处罚、取消申请和强制各类犯罪家庭从现有住房中搬出。此外，房屋类型还被用以显示家庭财富的多寡，因而也是财政性福利和社会福利分配的一种机制。

五、日本和韩国的教育均等化：国家发展战略的重要元素

日本和韩国分别在20世纪50年代和60年代开启各自基础教育上的均等化创新。和许多其他的发达国家类似，大多数学生被就近安排到邻近社区的公立学校中就读，然而两国的教师分配机制又与大多数发达国家有所不同。在多数国家，通常采取的是一种增量教师均衡方式，也就是将新招聘的优秀教师更多安排到落后的学校。比较而言，日本和韩国采取更积极的方式使不同学校的优秀教师分布得以均衡。两国都按照一定规则，定期对现有师资队伍进行跨区域的调配，跨地区和跨学校的教师轮换是国家主导的强制性政策，其实施也是非常透明的。例如，在1957年当轮换政策在韩国初次引入时，公立学校中教师轮换人数达到总量的85%。

在国际范围内，日本和韩国学生学术表现十分突出，这在相当程度上受益于基础教育均等化政策。就国际学生评估（PISA）得分来说，日本和韩国学生一直处在国际排名的前列。虽然近些年来两国学生表现被上海地区学生超越，但是就学校间和学生间平等性而言，前者仍然要比后者好得多，因而日本和韩国学生的整体表现要比上海地区学生的表现更优异。在这两个国家，一些人质疑高中阶段的教育均等化政策，但几乎没有什么人质疑小学和初中的教育均等化政策。在韩国，一些精英人士强烈批评高中阶段的均等化制度。他们认为，这样一种制度安排不能提供个性化的有针对性的教育，以满足学生们的不同需求，标准化的教育有可能有损师生们的发展，扼杀天才学生的才华。针对这些担忧，韩国为技能学校设立了一些额外通道，或者对一般性的均等化政策做出一些例外性规定。然而，在韩国，自1990年

卢泰愚总统试图废除高中的均等化政策以来，75% 以上的学生家长支持这一政策。

像韩国学者（Zheng，2012）认为的那样，从物质资本经人力资本转向社会资本建设，是不可扭转的现代化路径。日本和韩国都缺乏自然资源，人力资本的发展可对这种短缺起到补偿作用。而且，基础教育均等化政策可以促进社会信任与社会和谐，因而能增强社会资本（Fukuyama，1999）。此外，教育均等化政策可促进机会均等。韩国案例可以很好地阐释这一点。在 20 世纪 90 年代初，30% 的检察官毕业于 5 所高级中学，到 2006 年这一比例下降为 10%。韩国和日本在现代化过程中相当成功地将收入不平等降低到低水平上，特别是在经济快速增长时期，教育均等化政策可能是取得这一成功的最重要因素之一。

六、一种理论概括：从专制性权力到基础性权力，从排他性到包容性制度安排

在现代化进程中，如同曼（Mann，1984）描述那样，现代国家的专制性权力会下降，而基础性权力会上升。基础性权力意指国家干预大众日常生活的能力，以及把国家决策付诸实际的转化能力。根据福山（Fukuyama，2013）的度量，基础性权力包括国家登记人口、征税和提供公共服务的能力。

社会政策与上面界定的基础性权力的所有关键要素都有联系。它要跟踪目标人口数量、动员资源和提供大多数公共服务。因此，社会政策与国家构建之间存在天然关联。

社会政策涉及众多政策领域，任何一个国家都不可能在有限治理

能力约束下试图高水平提供所有的服务。换言之，所有国家都要选择社会政策服务包并对所选项目进行排序。比如，在英国，国民卫生服务一直是最优先的项目，公共养老金的待遇水平是相当有限的。相反，在美国，社会保障养老金项目比全民医保项目更具有优先性。在其他四个案例国家中，社会政策组合也都有鲜明的特征。德国是以社会保险项目、新加坡以公共住房计划、日本和韩国以基础教育均等化作为国家的标签。

对于福利体制的一般性解释，Esping—Anderson（1990）分析说明了西方三种福利资本主义模式，Aspalter（2006）描述了东亚福利模式。一个国家福利组合的具体内容，包括其对标志性政策项目的选择，则与各个国家特有的发展路径有很大的关系。

七、对中国的启示：改善社会政策供给，强化基础性国家权力

中国历史上，“国家”的概念长久存在。然而，在长期的封建社会历史中，国家仅表示一种文化认知，皇帝与基层大众相距遥远。事实是，传统的国家权力从未有效地抵达县以下的社会（Liu，2007）。新中国成立后头30年，身份认同从家族转向了工作单位或集体。在第二个30年，这种认同再一次从工作单位转向了地方。从很多方面说，中国还缺少国家的概念，中央政府从未直接向民众提供任何公共服务。

可以说，中国的国家权力已经很强大。但这个观点只是部分正确。实际上，我国的强制性权力已经相当强大，但现实中其基础性权力又相当脆弱。各级政府，特别是中央政府，并不知晓每个地方以及家庭

的人口变化，不掌握每个家庭收入和财产信息。另外，公共养老保险的依从率一直低于80%，最低生活保障制度的错保率和漏报率高达50%。

为解决这些问题，中国政府最近在推进国家治理体系和治理能力现代化。此外，它也提出要增加基本公共服务并实现基本公共服务的均等化。然而，中国所缺乏的是，在社会政策和国家建构间确立某种联结。所选国家案例都显示，全国性的社会政策项目可以帮助国民树立国家认知，同时强化国家的基础性权力。

八、对中国的启示：选择标志性社会政策项目，体现国家特征

除了那些斯堪的纳维亚国家外，没有任何国家能够实施无所不包的综合型福利包。事实上，全面的高水平的保障也没有必要，因为如果国家能帮助家庭减轻生活中遇到的一两个主要风险，那么家庭就能够集中资源较好地应对其他风险。

如前所述，所选案例国家都有标志性的民生项目。和其他的社会政策项目相比，这些项目的覆盖面更为广泛，待遇水平比较高，也有更强的社会平等性。

这些案例还表明，很难概括出一个国家要怎样从广泛的政策领域中去选择并确立一项标志性的政策项目。因为同样一个项目在一个国家可能是标志性的，但在其他国家可能是不太重要的。拿基础教育来说，日本和韩国采用了普惠式均等化，可大多数国家采取的是瞄准式均等化。也就是说，对大多数弱势群体，国家仅是保证他们在公立学校有一席之地。就医疗保障而言，英国如同许多其他欧洲国家一样，

采纳了“全民同等覆盖”和“在使用时免费享受服务”两项基本原则，但美国采用的是分人群的方式。几乎所有的工业化国家在社会住房上采用的是瞄准方式，而新加坡则采用普惠方式。在英国，公共养老金旨在防止老人陷于贫困，而在德国，其目标是要维持老人退休后的生活水准与退休前相一致。

尽管这些国家政策选择及其实践各不相同，在标志性政策项目选择上还是有一些共同原则可循。首先，一个国家要把有限的财政资源和治理资源集中在少数几个重要的项目上。其次，选中的优先项目不仅要能解决突出的民生问题，而且要有助于增强中央政府的治理能力。最后，在后起的工业化国家，其标志性项目最好选择教育和医疗保障等社会投资项目，而不是选择公共养老金和社会救助等社会消费项目。

遵循这几项原则，对中国尤其是中央政府而言，应考虑把社会政策的重心限定在少数几个社会投资项目上，包括基础教育均等化和提供面向所有人的卫生保障。过去20年来，特别是21世纪的头10年，中国政府雄心勃勃，快速地推进民生项目的建立和水平提升。就像世界银行和中国国务院发展研究中心一份联合报告（2013）所显示的那样，自20世纪90年代末期以来，中国政府以国际上史无前例的速度，建立健全了社会保障体系。这包括面向城乡居民的养老保险和医疗保障项目，覆盖城镇正规从业人员的养老、失业、疾病、工伤和生育保险项目，以及覆盖七千万人口的社会救助项目。然而，另一方面，所有这些项目交由地方实施。由于缺乏足够的财政和人力资源，以及由于担心影响地区竞争力进而缺乏在本辖区内执行相关规定的意愿，相关政策的执行不能到位。结果，它引发了公众对进展缓慢以及地区差距的不满。这些项目的前景不明朗以及地区差距，事实上损害了人们对政府的信任和对国家的认同，而国家认同本应是政策追求的目标之一。当前，中国政府努力把重心集中在推进基础教育均等化和所有人同等享受基本卫生服务上，正当其时。在这两个领域，中央政府要增加投资，在地方上建立分支机构监督相关服务的提供，在一些边远地区甚至应该招聘人员直接提供服务。同时，其他政策领域要有所收缩，或者把大多数相关职责委托给地方政府或市场。

当然，即使是标志性社会政策项目的提供，在大中型城市，由于供给侧存在有效竞争，可以寻找到替代性机构提供服务，中央政府可以委托地方政府向社会组织或者市场提供者购买服务。比如，在德国案例中，联邦立法规范社会保险，建立调剂资金来平衡不同行业群体的风险，而其经办管理和提供则由雇主和雇员代表组成的自治组织负责。另一个例子是韩国的基础教育，均等化政策是中央制定的法令，但如果私立学校执行均等化规则，它也能从中央政府得到资助。

从这个意义上讲，国家构建不一定像福山（Fukuyama，2004）建议的那样，要建立新的组织和机构。它也可能是在国家和社会之间、国家和市场之间建立更紧密的联系。从更一般意义上讲，国家建构是指国家适当干预居民生活的能力提升。

执笔人：贡　森

参考文献

[1] Acemoglu，Aaron & James A. Robinson（2012）. Why Nations Fail. New York：Crown Business

[2] Aspalter，Christian（2006）．“The East Asian Welfare Model”. International Journal of Social Welfare，Volume 15，Issue 4，pp. 290 – 301

[3] Besley，Timothy & Torsten Persson（2011）. Pillars of Prosperity：The Political Economics of De-

velopment Clusters. Princeton: Princeton University Press

[4] Davis, K., Cargy Schoen, and Kristof Stremikis (2010). "How the Performance of the U. S. Health Care System Compares Internationally." Mirror Mirror on the Wall, June 2010

[5] De Swaan, Abram (1988). In Care of the State: Health Care, Education and Welfare in Europe and the USA in Modern Era. Cambridge: Polity Press

[6] Esping-Anderson, Gosta (1990). The Three Worlds of Welfare Capitalism. Cambridge: Polity Press & Princeton: Princeton University Press, 1990

[7] Fukuyama, Francis (1999). "Social capital and civil society", paper prepared for delivery at the International Monetary Fund Conference on Second Generation Reforms, October 1, 1999

[8] Fukuyama, Francis (2004). "The imperative of state-building". Journal of Democracy, Vol. 15, No. 2, pp. 17-31

[9] Fukuyama, Francis (2013). "What is Governance?" Governance, Volume 26, Issue 3, pages 347-368

[10] Levy, Brian & Francis Fukuyama (2010). Development Strategies: Integrating Governance and Growth. Washing, D. C.: Policy Research Working Paper 5196. Washington, D. C.: World Bank

[11] Liu, Tao (2007). Annex 2 to the Strategy Series for China Rise: 1949-1976, the First 27 years of New China. http://zhiqiang. org/blog/scribble/china-rise-ster-2. html. (in Chinese)

[12] Mann, Michael (1984). "The autonomous power of the state: Its origins, mechanisms and results". European Journal of Sociology, Vol. 25, Issue 02, pp. 185-213

[13] Phang, Sock-Yong (2007). "The Singapore Model of Housing and the Welfare State". Richard Groves, Alan Murie, and Christopher Watson (eds.), Housing and the New Welfare State: Perspectives from East Asia and Europe, pp. 15-44. Hampshire: Ashgate

[14] Pritchett, Lant, Michael Woolcock, and Matt Andrews (2010). "Capability trap? The mechanisms of persistent implementation failure" Centre for Global Development Working Paper 234. Washington, D. C.: Centre for Global Development

[15] Ringen, Stein, Huck-Ju Kwon, Ilcheong Yi, Taekyoon Kim and Jooha Lee (2011). The Korean State and Social Policy. Oxford: Oxford University Press

[16] Roberts, Cynthia and Thomas Sherlock (1999). "Bringing the Russian state back in: Explanations of the derailed transition to market democracy". Comparative Politics, Vol. 31, No. 4, pp. 477-498

[17] Schoen, C., Robin Osbom, David Squires, Michelle Doty, and Sandra Applebaum (2010). "How Health Insurance Design Affects Access to Care and Costs, by Income, in Eleven Countries." Health Affairs Web First, November 18, 2010

[18] Skocpol, Theda (1992). Protecting Soldiers and Mothers: The Political Origins of Social Policy in the United States. Cambridge: The Belknap Press of Harvard University Press

[19] San, Tan Soo (2004). The Central Provident Fund: More than retirement. Civil Service College Ethos—July 2004. Available at: https://www. cscollege. gov. sg/Knowledge/Ethos

[20] World Bank and Development Research Centre (2030). China 2030: Building a Modern, Harmonious and Creative Society. Washington, D. C.: World Bank

[21] Xu, Yuexin, Gao Shiji and Xiulan Zhang (2013). "A review of the evolution of social security

system in the United States and its impacts on modern state-building". Jingji shehui bijiao, No. 4, 2013. (In Chinese)

[22] Yueh, Linda (2014). "What makes a global property hot spot?" BBC News Business, 15 January 2014. Available at http://www.bbc.com/news/business-25742539

[23] Zheng, Degui (2012). "A road to an advanced country". Caijing, September 3, 2012. (In Chinese)

分报告五

补短板建机制，实施人力资本优先发展战略

我们建议把人力资本开发放在经济社会发展的优先位置，作为经济社会发展的优先目标。在经济建设中，人力资本增长率应超过经济增长率；在社会建设中，与人力资本相关的社会项目发展应优先于消费性更强的社会项目。

一、中国人力资本开发的地位在提升，但有关投资和管理政策仍存在不少缺陷

（一）中国正在实施多项与人力资本相关的发展战略

这些战略包括科教兴国战略、就业优先战略、人才优先发展战略、创新驱动发展战略、制造强国战略、“健康中国”优先战略。但是，这些战略是零散设计的、碎片化的，相互之间缺少有机联系。另外，一些人力资本投资和管理政策的针对性和操作性不够强。

（二）现行人力资本及投资政策存在多方面的短板

首先，人力资本存量不足，过去30年平均增速长期低于经济增

速。单从教育存量来看，新中国第一个30年人力资本存量年均增长率与经济增长率大体持平。但按照美国国家经济研究局对中国广义人力资本的计算，1985～2014年的30年间前者明显低于后者。这期间国内生产总值（GDP）和物质资本年均增速分别是9.73%和13.47%，而人力资本总量年均增长率只有6.87%。

其次，人力资本总体结构上的问题更多。在专业技能结构上，针对中高端人才制定了很多培养、引进和激励政策，而针对技能工人的制度安排很少，高技能工人缺口较大。在人力资本投资渠道上，现行政策重视正规教育，轻视在职培训和干中学以及健康干预；重人才引进，轻自有人才培养和使用。在区域分布上，现行政策有利于东部地区，不利于中西部地区和东北部地区。据美国国家经济研究局的计算，1995～2014年期间中国地区间人力资本总量的差距在扩大。

再次，从投资渠道来看，最受重视的正规教育也存在一些突出问题，既有政策安排难以破题。一是教学内容上的短板。现行体系重认知能力，轻非认知能力；重标准知识巩固，轻个性化发展和学习兴趣的培养。在教育与科技的竞赛中，现行教育很不适应快速应用的机器人、互联网等新技术的需要。二是教育层级上的短板。重义务教育、高等教育，轻高中阶段教育；高中阶段重普通高中，轻职业教育。国际比较表明，中国高等教育普及率偏高，高中阶段普及率偏低，低于很多发达和中等收入国家。我们的研究发现，较高比例大学毕业生的投资回报很低。

最后，对在职培训和国内劳动力迁移的重视不够。国际比较表明，中国体制外市场流动性偏大，不利于技能积累；体制内市场流动性不足，且有限流动主要是从欠发达到发达地区和从农村到城市，这不利于技能扩散。另外，现行劳动力市场政策、财税政策等不利于调动用人单位投资于员工培训的积极性。

（三）既有人才管理体制机制仍存在三方面的突出问题

首先，人力资本管理整体上存在着权力过于集中的问题，对市场投资主体的放权不够，对地方政府的放权不够，对民营机构和企业主体放权不够。

其次，政府没有更好地发挥作用，薄弱地区人力资本劣势日益突出。在各种人才计划、人才工程以及高等教育“双一流”建设和健康产业大发展中，东部地区对高端人才有虹吸效应。

最后，人力资本的价格失真。与相同人力资本民营企业职工相比，机关事业单位职工的工资偏低。中国政府正在推行以增加知识价值为导向的收入分配政策，但其只适用于科研创新人才。

二、宜借鉴国际上的实践和理论成果，明确实施人力资本优先发展的总体战略

（一）教育等人力资本的优先发展是后发国家实现赶超的基础

在成功赶超国家中，其教育等人力资本存量水平一般都是先行起飞的。当这些国家人均经济发展水平相当于发达国家的20%时，其人均人力资本存量水平已经相当于发达国家的40%。从案例来看，美国赶超英国得益于19世纪后期和20世纪初的高中运动；与巴西相比，韩国较高的国民受教育水平为其工业化和产业升级奠定了坚实基础。

（二）按照内生经济增长模型，国家间人力资本存量增长率的差异导致其经济增长速度的差异

人类经济活动不仅生产GDP，而且积累人力资本，后者在很大程度上决定经济增长。人力资本具有内在效应和外在效应，也就是说，

由于人力资本水平是可以相互传递的，其结果是一位劳动者水平提升不仅提高了其自身的生产率，而且提高了他人的生产率，还提高了物质资本的利用效率。这就是国家人力资本存量增速决定其经济增速的机理所在。

（三）中国实行人力资本优先战略是有技术基础的

国际上关于广义人力资本的计算方法基本成熟，世界银行计划采用这一方法计算 195 个国家的人力资本存量。中国现有多渠道的数据来源，可以满足国际通行计算方法的需要。另外，大多数发达国家已经建立了人力资本统计账户，对中国设定赶超目标提供了重要参考。

三、要兼顾共建共享的社会建设理念，有针对性设计中国人力资本优先发展战略

（一）相对于国内生产总值、物质资本以及消费性社会支出增速，设定人力资本优先发展目标

消费性社会支出主要是指养老保险、最低生活保障等社会保障项目的支出。中国宜设定人力资本的阶段性目标，逐步加大人力资本投资力度，控制非人力资本增速，争取在 10 年左右实现人力资本增速超过非人力资本增速。

（二）相对经合组织国家平均水平，设定中国人力资本优先赶超目标

中国的人均 GDP 已经相当于经合组织国家平均水平的 20% 左右。按照成功赶超国家的统计数据，中国人均人力资本水平应达到同等经

济条件下经合组织成员国平均水平的40%左右。同理，中国可以制定中部、西部和东北部地区实行人力资本跨越式发展目标。

（三）按照问题导向，制定中国赶超的战略任务和举措

第一项战略任务是，中国宜补足人力资本投资上的双重短板。既要适应经济现实，补足当前人力资本短板，着重解决教育脱离经济发展和高技能人才短缺问题，也要夯实人力资本基础，更有针对性地发展学历教育和鼓励在职培训，引领未来经济发展。

第二项战略任务是，中国宜补足人力资本管理上的三方面短板，转变政府职能，完善人才管理体制机制。主要包括市场决定性作用机制、政府更好作用机制以及专业技术人员愿意担当机制。

为了实现建议的战略任务，中国可实施四大工程。一是通过应用型大学、职业教育的发展，填补中国专业技能人才缺口工程。二是控制高等教育扩张，优先普及高中阶段教育工程。三是引导劳动力合理有序流动，建立全国统一劳动力市场工程。四是还权于市场主体，激发其自主投资工程。其中，宜对所有专业人才全面实施以增加知识价值为导向的收入分配政策。

执笔人：贡　森

分报告六

要准确理解和全面落实“健康中国”战略

推进健康中国建设意义重大，在落实中央战略部署过程中，要全面准确把握“健康中国”的科学内涵，防止任何片面化倾向，特别要防止将“健康中国”理解为“医药中国”。

一、“健康中国”是在总结国内外健康促进实践和理论基础上提出的重大战略

（一）西方健康促进的实践与理论脱节，根源在于意识形态和既得利益

世界卫生组织的研究表明，有四大因素影响个人健康和寿命：行为和生活方式占60%、环境因素占17%、生物学基础占15%、医疗卫生服务占8%。尽管西方国家在理论上强调个人行为和生活方式，并且个别国家局部地区在实践中也进行了一些有益探索，但是几乎所有国家整体上仍然是将大量经济资源投在医药卫生服务上。欧美发达国家的卫生总费用一般占到其国内生产总值（GDP）的10%左右，其中美国这一比重更是在17%以上。

两者脱节的主要原因有两个。其一，西方文化和意识形态整体上崇尚个人自由，反对国家、社会对个人行为和生活方式的干预。美国是自由主义文化最盛行的西方国家，对个人生活方式放任，在医疗卫生服务上花费了1/6以上GDP，但其国民平均预期寿命却低于大多数发达经济体。相反，新加坡更重视社会治理，其卫生总费用占GDP的比重仅为4.2%，但国民预期寿命比美国高4岁左右。其二，既得利益妨碍从治病为中心向健康为中心的转化。由于临床医学专业、医药公司和保险公司等强大既得利益的阻力，绝大多数西方发达经济体已很难从过去大量投入的、相对低效的医疗卫生服务领域，调整资源配置和更有效地促进健康。

（二）"健康中国"是对我国两个30年健康促进经验教训的总结，可以更好发挥我国政治经济优势

新中国成立以后，通过加强社会管理、爱国卫生运动和公共卫生，强化对各种传染病、地方病防控，重视农村和基层服务体系与能力建设等，我国一度成为低收入国家改善国民健康的典范。

改革开放以来，我国"预防为主"的工作方针并没有得到有效落实，即使在医疗卫生服务领域也出现过一些波折。"非典"爆发以后，国家加大了公共卫生的投入和建设力度，但是更多的是投在传染病的防治上，慢性病防治并未得到应有的重视。针对公众反映的看病难、看病贵问题，国家深化医药卫生体制改革，建立覆盖全民的医疗保障制度，缓解了普通群众的看病贵问题。但是，近年来以治病为中心的医疗卫生服务体系，费用迅速攀升。2015年，我国卫生总费用占GDP的比重已经升至6%，而且这一势头还在持续。

为了促进经济社会持续健康发展，党中央及时做出调整卫生和健康工作方针的战略部署，要求“将健康融入所有政策”，并强调个人责任、社会公职，号召“人民共建共享”。这一战略调整，既是对国内外经验教训的总结借鉴，也是利用有关健康促进的最新国际理论成果，旨在发挥我国政治经济优势，践行健康促进的理念，凸显中国特色社会主义制度优越性。我国政治体制具有自己的独特优势，可以更好地排除多元利益对健康工作转型的障碍。未来十来年时间，我国国民经济仍将处于6%～7%之间的中高速或中速增长阶段，经济增量不到12年又将翻番，新增财富可以支持增量改革，回避了西方主要依赖存量改革带来的各种矛盾。

二、“健康中国”正演变为“医药中国”，其危害巨大

对于推进健康中国建设战略，有些专家解读偏重我国卫生总费用的经济占比与美国的差距，认为我国医疗卫生服务还有巨大的发展空间。在实践层面，很多地方热衷于医药基地建设；各路资本也纷纷投资于医药卫生领域，特别是大医院。这些片面理解和实践将造成多方面不良后果，主要危害有两个方面。

（一）强化医药领域的既得利益，不利于深化医药卫生体制改革

这些做法是在重走我国前些年医疗卫生服务和医药产业扩张的老路，也是重蹈西方发达国家的覆辙。它不仅会加剧我国医药产业的产能过剩，还会加剧我国医疗卫生系统对药品、高新技术和大医院的过度依赖及其逐利性。更为严重的是，过多的社会资源投入到健康改善效果较差的医药和诊疗领域，会挤占效果更高的健康投入。即使在医疗卫生领域，其服务模式也需要从以治病为中心调整到以健康为中

心，主要工作任务是深化医药卫生体制改革，探索新的服务模式，而不是走老路、简单扩大再生产。

（二）错失利用新增资源实施大健康战略的宝贵机会

《“健康中国2030”规划纲要》指出，未来十来年，是推进健康中国建设的重要战略机遇期。一旦错过经济中高速档期，当经济增速再换到下一档期，国内生产总值需要近30年才能翻番。显然，未来一段时间是我国进行增量改革的关键窗口期。

伴随30多年的国民经济高速增长，我国的减贫、国民健康和教育事业都得到了长足发展，举世瞩目的发展成就彰显了社会主义制度的优越性，但这一时期的成就主要源自经济高速增长。在经济增速换挡以后，调整卫生和健康工作方针，更有效地使用健康投入和提高国民健康水平，大健康战略将会如精准脱贫一样，成为弘扬我国制度优势的重要名片。而一旦陷入美国那种高投入、低产出的健康促进老路，不仅影响我国经济社会的可持续发展，而且将错失占领另一个文明制高点的绝好机会。

三、要像推进精准脱贫战略一样，抓大健康战略的实施

习近平总书记强调，“一分部署，九分落实”。精准脱贫战略之所以能够取得明显成效，要害在精准，关键在落实。大健康战略也要将抓要害、抓落实放在首位。

（一）加强组织领导，由党中央统领“健康中国”建设

《“健康中国2030”规划纲要》要求，加强组织领导，各地区各部

门要将健康中国建设纳入重要议事日程，健全领导体制和工作机制。但在中央层面，尚没有明确领导体制。由党中央统领“健康中国”优先战略的实施，可以确保其全局性和优先地位。

（二）加强法治建设，让健康促进成为各部门的常规职能和决策要素

“政策与策略是党的生命”，也是落实大健康战略任务的关键所在。要尽早建立“将健康融入所有政策”的实现机制：一是将各部门在健康促进方面的主体责任法治化；二是全面建立健康影响评价评估制度、系统评估各项经济社会发展规划和政策、重大工程项目对健康的影响。

（三）加强舆论宣传，将人民群众转化为自觉行动的主体

我们要深化医药卫生体制改革，满足人民群众眼前看病吃药的基本需要。同时，更要注重宣传群众、动员群众“治未病”，帮助普通群众成为自己及其家人、社区健康的守护者，在健康领域优先践行“共建共享”的发展理念。

执笔人：贡　森

分报告七

重视“自立自强”，调整老龄工作方针

党的十八届三中全会《决定》明确提出要“积极应对人口老龄化，加快建立社会养老服务体系和发展老年服务产业”。这是党中央为顺应我国人口形势和经济形势所做出的最新战略部署，我们应该深刻理解“积极应对”的含义，完善老龄工作思路和相关政策，提高应对人口老龄化工作水平。

一、“积极应对”是国际共识及行动，其核心是维护老年人的自立自强

在发达国家，人口老龄化是伴随经济发展的一个自然过程，不存在我国的“未富先老”问题。即便如此，多年来很多发达国家都面临养老金支付压力大、医疗费用快速增长、劳动供给相对不足等问题。在困境中、在长期实践基础上，国际社会于1999年达成了“积极老龄化”（Active Ageing）的应对共识。“积极应对老龄化”是对过去实行的过度强调保护、保障和照顾的养老模式的主动调整，它旨在延长老年人的健康寿命，帮助老年人独立自主，持续参与经济、社会、文化

和政治活动，力所能及地为国家、社区和家庭做出贡献。

在过去一二十年中，面对各种既得利益，绝大多数发达经济体逐步对养老保障、养老服务、医疗保障等涉老领域进行了局部政策调整。几乎所有发达国家都已出台法规，将退休年龄渐进提高到65周岁及以上，个别国家已接近70周岁。多数国家甚至降低了政府提供的基本养老金水平，同时鼓励少老人力所能及地参与就业和鼓励用人单位提供补充养老金。在日本、美国等国家老年人收入构成中，劳动收入占到30%～40%，韩国更是高达60%。新加坡老龄工作方针的首要内容是“提高就业”。为使老人适应现代工作环境，英国推出了“数字战略”，将年长者纳入培训教育范围，不让他们在数字化时代落伍。在养老服务领域，英国、瑞典等国家在“去机构化”的同时，大力推进“就地养老”。在医疗保障领域，法国、德国等实行社会保险体制的国家，纷纷要求老年人缴费参加医疗保险。事实上，在实行社会医疗保险的国家，受保者退休后仍然缴费是通行做法。这些都是积极应对老龄化的具体表现。

当然，在发达经济体中，由于既得利益的阻挠，一些重大的转型难以实现。比如，医疗卫生服务重点从治疗为主走向预防为主的进展缓慢，其阻力主要来自强大的老年选民群体的选票和富有的医疗服务游说团体的钞票。再比如，大多数国家基本养老金的调整力度有限，在美国等一些国家，老年社会保障的结构性改革成为政治上的高压线。

二、我国更需要也更有条件实现老龄工作转型，未来十年是重要机遇期

我国的老年保护和关爱事业在过去一二十年中快速发展，但也出现了不少问题。全民基本医疗卫生保障体系得以建立，老年人的医疗

费用可以享受更高的报销比例，同时离退休金免征个人收入所得税，离退休人员还不用缴纳医疗保险费。老年收入保障体系基本建立，但退休年龄偏低，高龄劳动年龄人口的经济参与率偏低，企业年金和职业年金等补充保险的发展缓慢。社会养老服务体系正在构建之中，但是有限资源低效利用问题普遍存在。

目前，我国老龄工作在一定程度上走了发达经济体所走过的弯路。西方的问题在很大程度上是多元竞争式民主制度的内在缺陷所决定的，而我国的问题则是将尊老文化绝对化的结果。数千年来，尊老敬老是中华民族的传统美德，同时自尊与尊老又是一个辩证统一体。十多年来，我国老年工作单纯强调尊老敬老，对“自立自强”重视不够。从老龄工作方针来看，“党政主导、社会参与、全民关怀”12 个字，简单地将老年人摆在“接受”或“享受”的被动位置上。

与发达经济体相比，我国人口“未富先老”，21 世纪以来一直处于快速老龄化，再过几年就进入加速老龄化时期。我国老年人口基数大、增速快，老龄化与工业化、城镇化过程相互交织。在面对老龄化问题时，我们势必要比那些自然老化的国家面临更大的挑战，因而更需要采取“积极应对老龄化”的思路。

近年来我国经济增长速度减缓，普遍认为这将是国民经济增长的新常态。老龄化加速与经济减速相叠加，我国应对老龄化的压力将骤然加大。同时，也必须看到我国实行积极应对老龄化战略的有利条件。首先，我国的政治制度有独特优势，可以更好地排除多元利益对治理转型的障碍。其次，在未来 10 年左右，我国国民经济仍将处于中高速或中速增长阶段，新增财富可以支持增量改革，回避了更多依赖存量改革带来的各种矛盾。即使在新常态增长期，我国经济年均增速还将保持在 6% ~7% 之间，经济增量不到 12 年又将翻番。这一速度远高于发达经济体开始实施积极老龄化时期2%～3%的经济增速。当然，我国一旦错过这个中速档期，当经济增速再换到下一档期，国内生产总值需要近30年才能翻番。显然，未来一段时间是我国进行增量改革的关键窗口期。

三、将“自立自强”纳入老龄工作方针，并相应调整涉老领域的具体政策

要贯彻落实“积极应对人口老龄化”的新战略，首先应调整老龄工作方针。建议将“积极应对”的核心内容“自立自强”加到现在的12字方针后面。

同时，应调整每个涉老领域不适宜的具体政策。老年人的统计口径要调整，从现在的以60周岁为主要标准变为以65周岁为主，再过10年左右只按65周岁口径进行统计。在机关事业单位养老保险制度改革方案实施后，马上启动渐进延迟退休年龄的进程。同时，要立法保障老年人在工作期间本人及其用人单位的权益；还要做实终身教育，特别要重点关注40岁以上劳动者的知识更新。为了提高公共服务的可持续性，退休人员也要缴纳医疗保险费和个人收入所得税。当然，为了减少阻力，可以一次性适当提高现有退休人员的待遇。在医疗卫生领域，要将新增资源主要放在预防保健，包括老化预防。在养老服务领域，要大力发展立足于居家和社区的就地养老，尽可能减少老年人对机构的使用，防止依赖；要建立少老人照顾老老人的激励机制。在交通运输领域，要改善基础设施，帮助老年人更便捷安全地出行和参与经济社会活动。

对于社会分歧较大的政策调整，需要积极推进社会理性对话，讲

清改革的利弊得失。同时，要精心设计过渡方案，可采取小步快行，减轻对社会的冲击。在重大社会矛盾面前，绝不能只当好人。要在重大决策评估以及专家咨询和社会参与的基础上，更好地发挥体制优势。要保持定力，坚决排除既得利益的阻力，推进我国老龄事业走上更加健康可持续发展的轨道。

执笔人：张来明　贡　森

分报告八

维护老人自立，调整养老服务制度框架

过去两三年，我们课题组对多个发达经济体的养老服务模式进行了比较研究，对国内多地的建设工作进行了考察。根据这些调研，我们对《社会养老服务体系建设规划（2011～2015）》（以下简称“《建设规划》”）的执行情况和相关政策设计进行了评估。基本评估意见是，多项建设目标执行不到位，且多项战略设计本身有偏差。现将具体意见和建议报告如下。

一、除养老床位建设目标外，其他主要目标都难以实现

《建设规划》的建设目标有9项之多，这里对其中较为明确的5项目标的执行情况进行评估。

（一）“每千名老年人拥有养老床位数达到30张”的目标有望实现

2010年年底，全国养老机构床位总数约315万张。按照“每千名60岁及以上老年人拥有养老床位达到30张”的建设目标，2015年年

底养老床位总数应达到630万张左右，年均需新增63万张。截至2013年年底，全国养老机构床位总数493万张。在3年时间，新增床位178万，年均新增59.3万，略低于规划的建设速度。但是，由于政策执行时滞和工程周期的影响，后2年的床位增幅必将明显超过前3年。因此，到2015年，实现床位目标是有保证的。

（二）很多机构的床位规模明显偏离“适度”目标

目前我国很多城市建设了上千张床位的养老机构，极端者在5000张以上。日本养老机构规模大都在100张以下，欧美国家养老机构床位一般在100~200张。

国外证据表明，规模过大有很多弊端。人多了很难相互熟悉。老年人的需求是多样化的，大机构难以提供个性化的服务，不利于精细化管理。并且，大机构在远郊区，不利于家人探视和亲情联系，也不利于少老人等群体提供志愿服务。

（三）养老床位有效利用率很低与“一床难求”并存，很多机构没有实现“运营良好”

“运营良好”的一个主要标准是资源有效利用和均衡配置。而据民政部有关统计，全国养老床位的平均入住率在60%。另据我们的调查，入住老人中生活能自理者占80%左右。据此计算，全国养老床位整体的有效利用率在12%左右。

另外，一些城市交通方便、性价比很高的少数养老机构，特别是位于市中心的公办养老院，仍然存在“一床难求”的问题。

（四）供求热点源于政策刺激，“可持续发展”的市场难以形成

在需求方面，大城市公办养老机构“一床难求”，主要原因是其

收费偏低。据调查，在杭州市和上海市住养老院，老年人交 1 元钱可享受 4 ~ 6 元钱的服务。由于入院老人较强的组织能力，地方政府对于公办机构服务收费涨价非常谨慎。

在供给方面，近年来各地兴办的养老机构多为房地产项目，而且这波开发热潮是国家土地、财税、用水用电等多方面优惠政策刺激的结果。而据英美专家介绍，对于这类居住型养老机构，由于使用者都是生活上基本能够自理的老年人，国家对供需双方都没有支持政策。

（五）多项管理制度缺失，远谈不上“完善”

养老服务需求评估制度才刚刚起步，养老机构入住资格审查制度还未建立。公立机构服务收费的定价机制还未形成，价格远低于实际成本。行政手段和经济手段的双重缺失，造成稀缺的养老资源被低效、廉价使用。另外，职业培训和激励制度还未建立，护理员队伍流动性大，服务质量难以保证。

二、社会养老服务体系建设的多项战略定位不恰当

《建设规划》着眼于构建社会养老服务体系的基本框架，并为应对人口老龄化这项长期战略任务打下基础。但由于至少 3 项战略定位不妥当，这一制度基础很不牢靠。

（一）对社会养老服务体系的定位有偏差

我国把养老服务当作朝阳产业，强调给老年人更多的关爱和照料，认为这样可以直接拉动消费。而发达经济体则将养老服务当作社

会投资，强调帮助老年人尽可能自立，这样可以减轻照料负担，让晚辈安心工作，有助于增加劳动供给和提高劳动生产率。

正是由于这种定位差异，我国养护型养老机构的利用情况与发达经济体大不相同。我国养老院的居民大多是生活能够自理的老人，居住年限在10年以上，且多数养老机构远离市区；而发达经济体养老院的居民基本上是高龄失能老人，平均在院年限为2年左右，且多数养老机构位于社区中，便于少老人照顾老老人。

（二）“机构为支撑”与基本国情不符

《建设规划》提出“体系建设应以居家为基础、社区为依托、机构为支撑”。从这个表述来看，居家、社区和机构似乎都很重要，没有轻重缓急。但具体建设目标偏重床位数和机构养老。

按照国际可比口径，即以65岁作为老年人口界定标准，《建设规划》制定的床位建设目标相当于到2015年每千名老年人45张床位。《国务院关于加快发展养老服务业的若干意见》又将目标提升为到2020年每千名老人52～60张床位。

国际上，西北欧国家注重性别平等和经济参与，每千名65岁及以上老年人拥有床位数很高，在60～70张之间；美、澳、英、法4国略低，为40～55张；东亚和南欧国家注重家庭养老，床位数很低，为20～25张。

我国历来注重家庭养老，机构养老床位数应接近东亚和南欧国家水平。但考虑到养老服务的社会投资属性及其提高劳动参与和生产率的功效，适当提高床位建设标准也是合理的。但在短短5～10年时间内，从传统家庭养老飞跃到西北欧模式，是脱离国情的。

（三）公办养老机构要回归公益性，但不能只服务于特殊困难群体

有一种比较流行的改革方案，拟将公办养老机构定位于专为特殊困难群体服务。目前公办养老机构的服务质量普遍高于民办机构，如果将其仅限于服务五保老人、三无老人等特殊困难群体，不免有失公正。同时，国内外的经验都表明，专门针对弱势人群的公共服务必将成为质量最差的服务。

三、以维护老年人自立为宗旨，夯实社会养老服务体系建设的制度基础

针对评估发现的问题，我们提出七项建议。

第一，调整社会养老服务政策目标。从帮助老年人安享晚年，转向帮助老年人尽可能自主生活，减少机构依赖。

第二，调整社会养老服务模式，更加突出“居家为基础、社区为依托”，同时将“机构为支撑”修改为“机构为补充”。这是国际普遍做法，也是我国基本国情使然。

第三，淡化《建设规划》的床位建设目标及相关考核。根据我们建议的新政策目标，即帮助老年人独立生活，制订新的建设目标，指导“十三五”规划编制及今后的工作。

第四，限制机构床位规模，严格控制千人以上床位的养老院发展。同时，应该着力在社区就近改造或新建必要的床位，以方便就地养老。

第五，调整产业扶持政策，从土地、信贷、财税等全面优惠走向有限的示范引导。对于新兴产业，政府要有所作为，但其生命力在于市场的决定作用。

第六，加快关键性管理制度建设，特别是功能性需求评估制度、养老院服务收费的全成本核算制度、人力资源培训和激励制度以及老化预防制度。相应地，财政应提高对低收入且失能老人的补贴标准。

第七，无论是公立机构还是民办非营利机构，都应优先照顾特殊困难群体，同时也要向中等收入群体开放，促进社会融合和保证服务质量。

执笔人：贡　森　张佳慧

分报告九

养老保险顶层设计要抓住主要矛盾

自2015年起，制定养老保险顶层设计方案被明确列为需尽快完成的重点改革任务。在方案制定过程中，有关部门对个人账户规模、余额继承、全国统筹时机、征缴体制以及财政负担程度等问题存在不同看法。我们认为，这些问题需研究解决，但养老保险顶层设计更应首先解决主要矛盾。我国养老保险体系的主体是城镇职工养老保险，其中政府责任过大，是养老保险制度运行问题的根源。有关部门应从破解这一矛盾入手，统一认识，完善养老保险顶层设计。

一、过去30多年来，城镇职工基本养老保险制度中政府责任越来越大

（一）政府承担的责任种类越来越多

1991年，城镇职工退休制度开始改革，主要内容是建立“三支柱”体系，减轻政府责任。但改革25年来，政府责任不减反增。在这一体系中，单位补充保险和个人储蓄保险这两个支柱覆盖范围很窄，分担责任有限。在一支独大的基本养老保险中，政府责任不断加大。

改革前，政府只是制定规则要求单位提供收入保障；改革初期，政府提供统筹服务平台；近10年来，政府又承担了兜底补贴责任，补贴金额逐年攀升。

（二）政府承担的收入保障水平名降实升

首先，从制度设计的目标水平看是这样。20年前设定的基本养老保险替代率的远期目标，是基本养老金可替代退休前应发工资的56%。这个目标明显低于改革前75%的替代率设计水平，在当时具有进步意义。但随着职工工资水平及支出结构变化，这一目标变得不合时宜。由于社会保险、住房公积金个人缴费的引入以及费率提升和个人所得税的开征，职工实发工资与应发工资的差距不断扩大，目前一般职工在职时只能拿到应发工资的70%左右。在这一背景下，如基本养老金仍保持相当于退休前应发工资的56%，政府支付给退休者的收入就相当于其退休前可支配工资收入的80%，即56%：70%。这意味着，在满足退休收入需求方面，目前政府承担的保障水平，实际比改革前增加了5个百分点。

其次，从现实替代率水平看也是如此。多年来，退休人员养老金平均收入相当于在职职工工资平均收入的比例一直在下降，2014年降至47%左右，替代率水平整体上似已降到制度设计目标之下。但这一结果的出现，并非是政府按规划通过降低保障水平产生的，而是参保单位或职工少报工资收入所致。近年来，职工缴费平均工资占社会平均工资比重不断下降，从2002年的67%下降到2014年的58%。由于缴得少了，按照缴费工资收入计发的养老金自然就降了下来。尽管2014年退休人员平均养老金只相当于在职职工平均工资的47%，但它与参保者缴费平均工资之比却高达81%，即47%：58%。这意味着，在基金收入供给方面，目前政府按不断缩小的口径动员资源所承担的保障责任，实际比改革前增加了6个百分点。

二、与欧洲之外的发达经济体相比，我国政府责任偏重的问题也很突出，且危害开始显现

（一）在欧洲之外的主要发达经济体中，老年人继续工作是获得收入保障的重要来源

随着人口老龄化程度加深，近些年世界主要发达国家老年人继续工作的比例不断提高，老年人收入中源自工作的份额也保持在一个较高水平上。2014年，65岁以上老年人继续工作的比例，韩国31.9%、新加坡24.3%、日本20.1%、美国17.7%、加拿大12.5%、英国9.5%、德国5.4%。65岁以上老年人收入中源自继续工作的份额，欧洲之外的发达经济体约为30%，日本、韩国、新加坡等儒家经济体则占到40%以上。

（二）在我国城镇职工养老保险体系设计中，一直没有考虑老年人继续工作因素，这与劳动力市场形势变化不相符

在劳动力严重供过于求的形势下，不能苛求养老保险制度设计给老年人继续工作留出空间。事实上，多年来我国一直将养老保险作为缓解就业难的一项措施。

但是，过去10多年中我国劳动力市场供求发生了明显变化。从21世纪初开始，沿海地区出现“民工荒”，具体表现为“招工难”和“留人难”。在过去七八年中，“民工荒”问题进一步加剧，农民工工

资出现了连续快速上涨势头。这些变化都显示出，总体上我国城镇劳动力市场正在由“供大于求”向“供不应求”转变。

（三）欧洲“福利病”的最重要表现是寿命延长而工作缩短，我国城镇地区也已暴露出这一问题

既有研究表明，近些年欧洲福利国家面临的最主要问题，是战后人均寿命大幅度提高，而一生的平均工作年限、一年的工作周数和一周的工作时间却在大幅度缩短。

近年来，我国50岁以上城镇人口的劳动参与率快速下降，已低于同等收入国家。此外，对于近期开始研究的延迟退休年龄和退休人员继续缴纳医保费用等问题，绝大多数人持反对态度。这些现象表明，我国城镇地区一定程度上在重蹈欧洲福利国家的覆辙。尽管不能简单地将欧洲“福利病”归咎于较高的公共养老金水平，但后者是导致前者的一个重要因素。在我国，对老年人提供的包括收入保障在内的综合性保障水平偏高，已造成大多数人对国家的过度依赖，不利于个人主体积极性的发挥。

三、我国养老保险运行困难有激励因素，但根源在于政府治理能力不足以及管得太宽

（一）参保者少缴多领是我国城镇养老保险运行的主要困难，这一问题主要发生在受益较多而管理较弱的中小企业中

按照现行制度设计，由于再分配因素的存在，低收入人群的养老金替代率高于制度设计平均水平，而高收入人群的养老金替代率则低于制度设计平均水平。如果激励是主要因素，那么具有较高收入的大

型企业员工进行瞒报早退的动机会更为强烈。而现实是，由于工资基数、税收和档案等管理都比较规范，大型企业员工很难实现瞒报早退。这一问题的主体，恰恰是管理能力薄弱的中小企业。

（二）养老保险高费率对中小企业是一个沉重负担，它与少缴多领形成了一个恶性循环

中小企业多为劳动密集型，其社会保险等人工成本相对较高，而利润率一般较低。在这一背景下，如果政府想要维持高待遇、高费率，大多数中小企业往往会想尽办法逃避责任。

（三）我国政府在养老保险中管得很宽，而能力不到位，导致政府效能偏低

只有政府管理能力与其管理范围相称，政府管理才会具有较高效能。我国养老保险管理的低效，有管理能力的问题，更是管得过宽所致。

综上所述，我们认为，我国养老保险运行出现困难的原因是多方面的，依重要性排序，从高到低分别是政府管得过宽、政府治理能力不足和激励不够。养老保险深化改革方案的设计，要抓住上述主要矛盾和问题根源，增强针对性。

执笔人：贡　森　冯文猛

分报告十

以“双降”和“全账户”解决我国养老保险制度的主要矛盾

我国养老保险运行中面临着多重困难，有关部门对一些问题也存在着明显分歧。对此我们认为，当前我国养老保险制度面临的主要矛盾是政府责任过大，究其原因，依重要性排序从高到低分别是政府管得过宽、政府治理能力不足和激励不够。在未来的养老保险制度设计改革中，需要抓住主要矛盾，通过“双降”和“全账户”化解这一主要矛盾。

“双降”是指降低基本养老保险的替代率水平和降低基本养老保险的缴费率水平。“全账户”是指将再分配和激励因素全部纳入个人账户的做法。养老金缴纳的现行做法，是在缴费期每年将一部分单位缴费留在统筹基金，另一部分单位缴费连同个人缴费记入个人账户；在领取时，基本养老金数额由社会统筹养老金和个人账户养老金两部分计算所得。“全账户”的做法略有不同，是在缴费期每年将单位缴费连同个人缴费全部记入个人账户，单位缴费的一部分按照社会平均工资基数计入，体现再分配原则，另一部分按照个人工资水平基数计入，体现效率原则；在领取时，基本养老金数额完全按个人账户储存额计算确定。

“双降”和“全账户”模式的具体操作、作用机制及配套措施，基于以下考虑。

一、降低基本养老金水平，为补充保险和自我努力留出空间

基于国际经验和我国国情，我们建议，将基本养老保险调整为底线保障，替代率目标可降到40%，对应的精算费率为20%。这一目标的提出，基于以下四点考虑。首先，养老金属于社会消费类支出，在支出顺序上应低于投资类支出。财政支出重点，应更多用于教育、医疗卫生等人力资本项目以及养老服务、儿童照料等有助于增加劳动力供给、提高劳动生产率的项目上，这样才能为国家经济社会可持续发展提供长期动力。其次，基本养老保险替代率的降低，能够使补充养老保险得到发展空间，成为企业人事管理工具，有助于稳定就业，缓解近些年不断加深的“用工荒”。再次，这一底线目标，也接近经合组织成员国的平均水平。最后，这一目标既是国际劳工公约的最低养老金水平，也是发达国家的相对贫困线水平。

二、通过降费和“全账户”，既可强化激励约束作用，更可实现养老金水平的自动下降

实行“全账户”后，账户基金可根据城乡居民收入水平上涨幅度或相关宏观经济参数计算利息。同时，要规定养老金最低领取年龄，具体起始领取年龄由个人自主选择，个人领取金额根据个人全账户积

储存额和起始领取年龄时的平均余命来确定。

个人全账户的建立，将养老保险的再分配功能从领取发放阶段前移至缴费记账阶段，避免了确定待遇水平时的复杂计算，也能够使居民清楚知道自己的主体责任。同时，定期根据居民收入增长水平进行利息计算，也有助于确保养老金对老年人生活支持水平不降低。此外，根据退休时平均余命计算每月待遇水平，能使晚退休人员待遇水平更高，更能体现激励约束作用。更重要的是，个人全账户的建立，将养老金缴费和积累主体明确为个人，更易实现养老金替代水平和缴费水平的逐步下调。

三、多措并举，提高参保者的依从性，增强管理者的能力和意愿

在费用负担降到合理水平以后，对于少报多领等违规违法行为，绝不能迁就。要区别情形，分别进行经济处罚或移交司法机关处理，另外要将这类行为纳入社会诚信系统进行监督。

对于经办体制，既要增强经办机构的管理能力，也要增强其意愿。从更有利于实现权责统一的角度出发，养老保险的征缴最好统一到人社部门。同时，考虑到路径依赖，如果一些地区继续由税收部门进行征缴，至少应确保由人社部门核算征缴标准。同时需要注意的是，无论由哪个部门征缴，均需确保赋予同等条件。这意味着如果税务部门征缴时能根据征缴额度获取奖励，人社部门征缴时也应享有同等条款。这样在一定时期内，通过这种与征缴金额挂钩奖励的暂行做法，可以充分调动征缴人员积极性，迅速摸清参保人口和工资基数。

对于基本养老金实现全国统筹，需要具备一定条件。理想的状态，

是在征缴、收支管理等条件均相对完善后再行推进为宜。考虑到这项任务已被明确列入到本年度重点任务当中，如果需要按时实施，建议可先从全国统一费率、统一待遇计发办法、统一信息平台和设立国家层面调剂金四项工作入手。国内外经验都表明，我国不宜仓促实现统收统支的全国统筹。自 1992 年我国开始探索基本养老保险省级统筹以来，迄今为止这一目标依然尚未全面实现。从国际经验看，很多发达国家也没有实行养老基金全国统筹。比如，丹麦实施的是省级包干确保平衡，而德国也是在各个行业中实现统筹平衡。

四、坚持精算平衡原则，重新调整个人账户和财政支持政策

养老保险本质上是保险，而非福利，这从根本上要求养老保险在制度设计中坚持精算平衡原则。这一平衡具体包括两类：一是坚持同年龄组中短寿者与长寿者之间的平衡；二是坚持基金收支长期平衡，这个“长期”的时限一般锁定为一个国家的人口预期寿命。

坚持同年龄组中短寿者与长寿者平衡，涉及个人账户的继承问题。从精算平衡原则出发，应该取消个人账户能够继承的现行做法。同时，附以建立未成年人抚养金制度，对养老金领取者死亡后的未成年子女抚养提供支持。在实施中，需要把抚恤金、丧葬费等相关费用做统一考虑，要对机关事业单位目前丧葬费水平过高的问题进行改革，建立统一标准的费用支持制度。此外，针对机关事业单位工作人员建立的职业年金，可考虑的一种做法是改为廉政年金，采用逐年累积方式，在退休时一次性支付给机关事业单位工作人员。这一做法，在很多国家已有比较成熟的模式，具体借鉴并不困难。

坚持基金长期平衡，涉及政府对养老保险基金的财政投入力度。从精算平衡原则出发，需要在明确养老保险基金自我平衡责任的基础上，限定政府的有限责任。在实施中，应该强调补入口，即对需要支持的特殊群体的参保进行财政补贴，并且对于个人多缴费者，财政进行更多补助。

执笔人：贡　森　冯文猛

分报告十一

强调自立自强，应对低保福利化

最低生活保障制度（以下简称“低保”）是我国一项托底性的社会保障制度，也是我国社会救助体系的核心，在保障国企改革、反贫困、维护社会稳定等方面发挥了积极作用，但也显现出福利化倾向，值得关注。

一、低保福利化问题

（一）低保福利化的三种主要表现

*一是与同属儒家文化的东亚其他国家和地区相比，我国低保人口占比明显偏高。*从规模来看（见表1），2012年以前我国城乡低保总人数持续增长，之后由于动态管理机制的完善及20世纪90年代城镇下岗职工逐渐进入领取养老金年龄，低保总人数开始稳中有降。但从受益面来看，2008年以来，我国城乡低保人口占总人口的比重一直在5%以上，最高达5.6%，明显高于同为东亚儒家文化体的日本以及中国的香港和台湾地区的水平。日本低保人口所占比重在早期大约在

3%，近二三十年一直在2%以下[①]，2014年仅为1.71%[②]，远低于我国水平。日本低保人口占比的下降，一方面是由于日本贫困发生率及不平等程度低，社会保障体系从公共救助转向更高水平的社会保险，另一方面是由于日本强调自立自强精神、倡导首先发挥家庭和社区支持作用以及强化公共救助依赖的“羞耻感”。2015年，我国香港地区享受综合社会保障援助计划的人口占比为3.4%[③]，中国台湾地区低收入户人数仅占总人口的1.4%。可见，在东亚儒家诸经济体中，我国大陆低保人口占比明显偏高。

表1　2005～2014年我国城乡低保对象规模、人口占比及变化

年份	城市低保人数（万人）	城市低保人数增长率（%）	农村低保人数（万人）	农村低保人数增长率（%）	城乡低保人数（万人）	城乡低保人数增长率（%）	城乡低保人口占总人口比（%）
2005	2234.2		825		3059.2		2.3
2006	2240.1	0.3	1593.1	93.1	3833.2	25.3	2.9
2007	2272.1	1.4	3566.3	123.9	5838.4	52.3	4.4
2008	2334.8	2.8	4305.5	20.7	6640.3	13.7	5.0
2009	2346	0.5	4760	10.6	7106	7.0	5.3
2010	2310.5	-1.5	5214	9.5	7524.5	5.9	5.6
2011	2276.8	-1.5	5305.7	1.8	7582.5	0.8	5.6
2012	2143.5	-5.9	5344.5	0.7	7488	-1.2	5.5
2013	2064	-3.7	5388	0.8	7452	-0.5	5.5
2014	1877	-9.1	5207	-3.4	7084	-4.9	5.2

资料来源：国家统计局网站。

① Sheldon Garon，2002. “Japanese Policy Towards Poverty and Public Assistance：A Historical Perspective”，working paper of World Bank.

② http：//www.phb123.com/city/renkou/2437.html，http：//www.taiwan.cn/xwzx/gj/201406/t2014 0604_ 6262999.htm.

③ 香港政府统计处网站数据显示，2015年年中人口为719.86万，截至8月，领取综援数字有248000多宗（http：//news.ifeng.com/a/20151010/44808504_ 0.shtml）。

*二是低保家庭在最低生活保障之外还可获得多项附加救助，受保障的生活水平高于贫困边缘家庭。*低保原本主要解决特困家庭的基本生活保障问题，而教育、医疗、住房等专项救助主要解决中低收入家庭的特殊困难。但这些专项救助没有独立完善的资格审查设计，而与低保相捆绑。低保资格实际上成为享受教育、医疗和住房乃至司法救助的重要凭证，甚至是唯一凭证。因此，虽然低保标准不高，但附加福利导致低保证“含金量”大幅提高，贫困人口的综合保障水平明显高于边缘贫困人口，造成低保“悬崖效应”和低保户的福利依赖心理。

*三是低保资格认定的平均主义倾向。*从我们调研的部分县市来看，由于低保管理能力不足，低保资格认定存在平均（或“均沾”）化处置方式。2015 年 2 季度，河北某县低保人口占总人口的比重为 10%，贵州某县的比重为 18%，新疆某县高达 24%，云南某市低保人口占比近 1/3。为了回避低保资格认定中的困难，这些地方均存在平均化分配低保名额的现象。其中，云南这个地方的做法是给每个农村家庭分配一个低保名额。相关调研发现，贵州省某县将“均沾”做到极致，或者村组员轮流享受低保，或者由村组长从指定的低保户手中取回低保金平均分配给组员[①]。

（二）低保福利化的原因

从目标定位、政策设计以及管理等方面看，低保福利化有如下五方面原因。

*一是由于政策目标不断演变，低保制度的定位和边界变得模糊不清。*低保原本着眼于收入贫困，但在世纪之交，我国教育、医疗和住

① 王春光：“扶贫开发与村庄团结关系之研究”，载《浙江社会科学》2014 年第 3 期。

房保障制度还不健全，而这些方面的支出是致贫的重要因素。因此，低保纳入了消费或多维贫困的考虑，政策目标变得模糊。对贫困人口不仅提供最低生活救助，还提供教育、医疗和住房等重大专项救助，导致低保人群享受一揽子保障，进而带来低保户实际生活水平与低保边缘户间的“悬崖效应”。为了解决这一新生问题，民政部门又被迫将部分边缘贫困人口纳入保障范围，低保的目标定位从补缺型、兜底型扩展到兼顾普惠型。

二是与目标定位相对应，我国低保对象的认定兼顾了家庭收支平衡状况。在家庭收入水平外，我国低保资格审核还要考虑家庭成员的年龄、身体状况以及教育、医疗等重大现实支出需要。由此带来资格认定的灵活性也为低保平均化发放预留了空间。正如有的研究所发现的那样，在我国农村低保对象的认定过程中，实际操作的标准不是以经济状况为唯一认定标准，而主要以保障对象的身体状况为基础①。

三是低保资金主要来自中央财政，易被地方政府用作平衡各种干群关系、推进重点工作和维护社会稳定的手段。2014 年，城乡低保来自中央财政的投入分别占到 72% 和 67%。尤其是中西部地区，绝大部分低保资金来自中央转移支付，加上前些年中央有关部门重视对地方的低保考核，按低保范围和标准进行排名和奖励，地方没有动力严格审批低保资格，相反，利用转移支付缓解现实的社会矛盾，推进上级交办的工作任务②，同时满足考核要求。在维稳压力下，地方官员对辖区内各类影响稳定的事件十分敏感，对涉访人群多采取安抚策略③，

① 江治强：“农村低保对象的收入核定及其治理优化”，载《浙江学刊》2015 年第 4 期。

② 梁晨：“农村低保政策的基层实践逻辑——以武陵山区某村为例”，载《贵州社会科学》2013 年第 10 期。

③ 朱亚鹏、刘云香：“制度环境、自由裁量权与中国社会政策执行——以 C 市城市低保政策执行为例”，载《中山大学学报（社会科学版）》2014 年第 6 期。

一些人采取威胁、恶意讨价还价、上访等方式要挟政府官员来获取“维稳保”的例子也屡见不鲜[①]。

*四是地方经办机构的管理能力较弱，申请对象的收入核定很难。*根据制度设计，获取低保资格要满足收入和财产限制两个基本标准。其中，申请家庭的收入包括不在一起生活的法定赡养人、扶养人或者抚养人应当给付的赡养费、扶养费或抚养费。由于管理能力有限，多数低保经办机构和人员不对非同居法定责任人履行义务能力和情况进行核查，少数甚至建议申请家庭进行人为“分拆户”[②]，财产限制条件的落实也大打折扣。这种管理能力和不当做法导致更多的家庭将老人分出去单独立户，使一些原本无须最低生活保障的家庭享受了低保。

*五是低保对象的信息公开流于形式，部门间信息共享难。*由于低保家庭收入核定难，低保资格认定在很大程度上依靠基层民主评议。没有信息公开，基层群众很难参与监督；没有部门间信息共享，主管部门很难执法监督。这为基层优亲厚友、平均分配或将低保当作工作手段留下了很大空间。

二、低保福利化的负面影响

我国低保制度建立以来的政策目标在不断变化，从补缺型向兼顾普惠型转变，并试图满足贫困家庭及边缘贫困人群的基本需要[③]。保障范围和内容的变化也带来了三方面的负面后果。

---

① 李琴：“‘应得’与‘不应得’：低保经办人员的目标瞄准行为模式研究”，第四届社会救助研讨会论文，2015年。

② 见李琴（2015）文。

③ 王德文：“统筹城乡低保制度”，民政部第四届中国社会救助研讨会（发言PPT），2015年8月22～23日。

*一是不算专项救助，低保本身的保障标准一直处于较低水平。*表2显示，2005～2014年，我国城乡低保标准占社会平均收入或消费水平的比例都偏低。以2012年为例，城镇低保标准只占人均食品支出的65%，占人均消费支出的23.8%，占人均可支配收入的16.1%。农村低保标准占人均食品支出和人均消费支出的比例分别为89%和35%，占人均纯收入比例为26.1%。而国际上，欧盟的贫困线标准是社会平均收入的50%～60%，美国是社会平均收入的33%左右。我国台湾地区低保标准也达到当地人均消费支出的60%和人均收入水平的1/3左右。

表2　2005年以来我国低保保障水平及变动趋势

年份	低保标准（元/人、月）		占人均食品支出比（%）		占人均消费支出比（%）		占人均可支配收入比（%）	占人均纯收入比（%）
城乡	城镇	农村	城镇	农村	城镇	农村	城镇	农村
2005	156	—	64.2	—	23.6	—	17.8	—
2006	169.6	70.9	65.4	69.9	23.4	30.1	17.3	23.7
2007	182.4	70	60.3	60.5	21.9	26.1	15.9	20.3
2008	205.3	82.3	57.8	61.8	21.9	27	15.6	20.7
2009	227.8	100.8	61	74	22.3	30.3	15.9	23.5
2010	251.2	117	62.7	78	22.4	32	15.8	23.7
2011	287.6	143.2	62.7	81.5	22.8	32.9	15.8	24.6
2012	330.1	172.3	65.3	89.0	23.8	35.0	16.1	26.1
2013	373.0	202.8	—	—	—	—	16.6	27.4
2014	411.0	231.4	—	—	27.7	33.1	17.1	28.1

资料来源：民政部发布的历年《社会服务发展统计公报》及国家统计局发布的历年《国民经济和社会发展统计公报》。

分地区来看，大部分县市区的农村低保标准低于国家扶贫标准。2014年，全国农村平均的低保标准是每人每年2777元，与按照农民人均纯收入确定的新扶贫标准当年价2800元基本持平。但在民政部公布的2954个有数据的县市区中，2091个县级单位的农村低保标准没有达到扶贫线标准①，占比高达71%，可见我国低保制度本身的保障标准较低。

*二是“等靠要”观念增强，福利依赖倾向开始显现。*从各地经办人员反映的情况来看，由于低保被宣传成为党和政府的温暖，加上专项救助与低保资格的“福利”捆绑，很多人不再觉得“吃低保”会“丢面子”，少数人甚至认为是“有本事”。低保福利化一定程度上纵容了部分群众“等靠要”的心态，获取低保资格后，长期依赖的对象居多。笔者根据“城乡困难家庭社会政策支持系统建设”2014年调查数据进行测算，我国城乡低保家庭的低保金领取时间已经分别累计达到73个月和46个月，远超过美国有需要家庭临时救助项目（简称TANF）平均24个月的时间，领取年限偏长。“等靠要”倾向还表现在家庭责任的弱化。“分拆户”现象说明一些子女有意不承担赡养老人义务，这不利于弘扬家庭养老的传统和缓解老龄化的压力。

*三是“分配不公”带来新的干群矛盾，加剧基层稳定风险。*由于管理不透明以及平均化处置代替正常瞄准机制，很多地方“错保”和“漏保”并存。一项五省份调查显示，农村贫困户中有近76%的家庭没有享受低保，而享受低保的家庭中60%以上的是非贫困户②。一些地方干部在选择低保对象时，或采取“关系化”方式优亲厚友，或将

---

① 2014年第4季度农村低保标准（县级），http：//files2. mca. gov. cn/cws/201501/20150129085724832. htm。

② 张秀兰、徐月宾、王晓波：“最低生活保障和农村反贫困”，载王延中主编《社会保障绿皮书：中国社会保障发展报告（2012）》，社会科学文献出版社2012年版。

低保作为“工具”推进重点工作任务或管理村民①，造成干群间、低保户与非低保户间关系紧张，严重破坏村庄团结②。这种“分配不公”加剧了基层矛盾，引发新的干群冲突，不利于基层和民族地区的稳定，也损害了党和政府的公信力。

三、完善低保制度设计的建议

针对低保福利化问题，为了落实精准脱贫要求和弘扬自力更生的文化传统，我们建议将低保目标回归为补缺性或兜底性保障，将保障重点人群设定为丧失或部分丧失劳动能力且经济条件达不到低保标准的人群，将有工作能力而未就业的群体转为就业救助和扶贫的重点对象，将专项救助的资格审查与低保脱钩，适当提高低保本身的保障水平。理由有两个：其一，随着国家从片区扶贫向精准脱贫的转变，农村低保与扶贫工作已经出现了目标、对象、手段等多方面的交叉或趋同；其二，近年来，城市招工难已成为常态，劳动力供给不足已成为低端劳动力市场的主要矛盾。

适应上述目标调整，我们建议提高低保进入门槛，具体有如下三条措施建议。

*第一，严格限制将有劳动能力而未就业者纳入低保，而将其纳入扶贫或就业救助范围。*工作自救是国际社会救助政策的重要理念，我国相关政策引导明显不足，低保对象中有劳动能力人员的比重偏大。2015 年 4 季度，农村低保对象有 4903 万人，扣除老年与未成年人后的

---

① 正是“工具化”方式选择低保对象催生“计划生育保”“烤烟保”“离任干部保”等现象，详细实证资料见梁晨（2013）文。

② 见王春光（2014）文。

劳动年龄内人数高达48%，即使排除部分因病因残丧失劳动能力者，有劳动能力的人口比重依然较高。同期，在城市1708万低保对象中，算上在职、灵活就业和失业人员，劳动年龄内有劳动能力人口合计占到63%。在制度初期，城市低保有应对20个世纪90年代城市失业人员、下岗职工、停产半停产企业职工、被拖欠养老金的退休者等城市贫困群体的作用。但在新形势下，如何促进有劳动能力者积极求职与就业，是我国城市低保应重点关注的难题之一[①]。2014年我国颁布的《社会救助暂行办法》（以下简称《暂行办法》）提出，对低保家庭中有劳动能力且未就业成员提供多种形式的就业救助。我们建议抓好相关法规的落实，充分发挥失业保险、就业救助的作用，做好与扶贫工作的衔接，同时对于低保申请家庭，如有能力就业而未就业的成员，可视同其已获得当地最低工资。

*第二，加强经办机构的管理与实施能力，多渠道、多方式进行家庭经济核查，特别是要将法定责任人的赡养、抚养责任一并纳入考量。*我国台湾地区虽然将有劳动能力且未就业者纳入低收入救助，但经济核算时要额外加上一个当地的基本工资以提高门槛。

第三，规范落实财产限制条件，将拥有特定房产、汽车等大件财产家庭排除在外。《暂行办法》规定，低保申请要符合当地财产限制条件的要求，但并未制定规范化的办法和具体标准。实际工作中，一些地区将拥有汽车、近三年新购建房屋、注册企业等列入限制性条件；部分地方审计部门开展的违规低保排查也引入了限制性排除的原则，通过调取交警、工商、住建等部门的信息，有效清理了部分错保现象。有关部门应及时总结和推广这些很有价值的做法。

---

① 韩克庆、郭瑜：“‘福利依赖’是否存在？——中国城市低保制度的一个实证研究”，载《社会学研究》2012年第2期。

在提高低保申请门槛的同时，我们建议提高低保制度本身的保障水平，将达到社会平均收入的1/3作为目标，切实发挥低保救助的兜底保障作用，缩小贫富差距。

四、完善低保治理的主要举措

*首先，应加快推进低保信息核查系统的整合和拼接，使低保的动态化管理能够更加便捷有效。*这涉及两项任务：一是民政系统内部低保信息系统的统一联网，做到设计与内容的全国统一，便于整体监管；二是外部通过立法建立与金融、税务、工商、人保、住建、交通等部门的信息共享核对机制，使通过关键个人识别信息能与其他部门信息进行批量拼接联网，及时对违规享受低保者进行识别和查处。

*其次，建议拓宽公开渠道，建立低保查询监督网站。*对于低保程序，国务院要求各地在社区、乡镇（街道）和县政府三个层面严格执行低保审核审批公示制度，规范公示内容、形式和时限。从实施情况来看，社区公示存在走样现象，乡镇（街道）及以上层级的公示落实不力，公示内容有待统一规范。比如，部分社区低保公示牌的位置隐蔽，老百姓难以接近，或易被人为撕毁破坏，公示效果大打折扣。为此，建议每个县市区建立一个低保查询监督网站，以居委会或村委会为单位公示低保家庭的成员、收入状况、保障金额、享受低保的主要原因等信息，由乡镇（街道）级政府定期进行信息上传和更新，并预留监督举报功能，以突破社区公示的局限，让更多在外受过教育的人口通过网络媒介得以参与所在社区低保的监督和评议。

*再次，可研究利用电商大数据（如淘宝、京东、微信等平台消费支付数据）购买服务。*进行低保对象动态化管理，将其费用和效果与

传统的动态管理方式进行比较，探索较少受人情干扰的治理手段。

*最后，中央层面的低保管理职能部门要建立更加科学的考核指标，注重政策实施过程与绩效评估。*根据结果予以适当奖惩并进行公示，同时各级财政宜为基层推进重点工作提供资金保障，减少“维稳保”“工具保”“均沾保”等现象的发生。

执笔人：王伟进

分报告十二

协调推进共建共享，加快社会体制改革

——2016年社会改革回顾及2017年展望

本报告所讲的社会体制改革，是指社会建设领域的体制改革，社会建设包括民生保障和社会治理两方面的内容。本报告以民生保障为重点，同时兼顾社会治理。我们发现，2016年社会体制改革在局部领域、局部地区取得了一些突破，人民群众也得到了一些实惠，但是与2018年前各项改革基本完成的过程目标相比、与增强人民群众获得感的结果目标相比、与社会体制改革潜在的全局牵引作用相比，社会体制改革的进展较为缓慢、微观和宏观效果都不明显。按照中央深改组关于2017年改革的整体安排以及社会建设的特点和相关体制改革的潜在牵引作用，我们建议，以机关事业单位工资制度改革和健全反腐倡廉制度建设为抓手，选取有社会共识的可实行高薪的卫生、教育等可持续的民生部门以及司法等大民生部门优先实行年薪制，并辅以相应的监督约束机制，确保高薪养廉和相关公共服务的改善；司法、健康和教育等基本社会公正的改善，将为整体公共部门激励约束机制的改革打下良好的制度基础和民意基础，进而激发广大党政干部的积极性和创造力，协调推进“四个全面”战略布局。

一、2016 年社会体制改革设计重在补短板、促公平，旨在提升获得感

据统计，在中央推进全面深化改革的第三年，中央深改小组审议通过的96 份文件，近1/3 涉及社会体制改革。2016 年，社会事业领域重点改革有所突破。30 个省份落实中央深改小组意见，出台户籍制度改革实施意见，辖区内城乡户籍人口之间的二元结构被打破。脱贫、医改、教育、养老服务等民生重点领域也陆续获得突破。3 份文件聚焦脱贫攻坚，机制完善，让脱贫更长效；4 份文件直指医药卫生体制，推动分级诊疗和医疗资源下沉，化解看病难、看病贵问题；教育改革 4 份文件，加强民办教育管理，推动城乡教育公平；养老服务领域 2 份文件，亮点是放开市场、提升质量（详见本书附录）。

（一）社会体制改革设计整体上呈现四个基本特点

一是社会体制改革各项措施推动公共资源向基层覆盖、向农村延伸、向弱势群体倾斜。这方面措施包括各地出台落实中央有关户籍制度改革的实施意见、推进家庭医生签约服务、整合城乡居民医疗保险制度、统筹推进县域内城乡义务教育一体化发展、充分调动基层干部队伍工作积极性。

二是精准施策。主要包括精准扶贫的目标责任制、激发重点群体活力带动城乡居民增收。

三是以开放促改革。2015 年年底，中央出台《关于做好新时期对外开放工作的若干意见》，要求统筹国内国际两个大局，提升教育开放质量和水平。2016 年，中央又要求全面放开养老服务市场。

*四是聚焦人民群众反映最迫切的问题，兼顾长期可持续性。*2016年出台的改革措施回应了大医院就诊难、儿童看病难、农村居民报销比例偏低、乡村教育资源短缺、老年照顾服务质量偏低等急迫性问题。同时，有关改革措施开始关注基本制度的可持续性，包括收入分配政策注重激发贫困人口劳动致富的积极性、主动性，卫生和健康工作方针注重大健康理念，要求“将健康融入所有政策”“人民共建共享”。

（二）30个省份出台户籍制度改革实施意见

国务院2014年发布的《关于进一步推进户籍制度改革的意见》，提出以居住证为载体，建立健全与居住年限等条件相挂钩的基本公共服务提供机制。初步统计，包括北京在内，已经有30个省市自治区公布户籍制度改革方案，各地普遍提出取消农业户口与非农业户口性质区分。各地方案中还提出建立或完善居住证制度，其中多地已出台具体办法。

（三）聚焦脱贫攻坚的机制完善，让脱贫更长效

在推进工作机制上，《脱贫攻坚责任制实施办法》将脱贫攻坚责任落实到人。文件要求加快形成中央统筹、省区市负总责、市县抓落实的扶贫开发工作机制。围绕构建责任清晰、各负其责、合力攻坚的责任体系提出具体办法，以硬措施保障硬任务。各级党委和政府特别是贫困地区的党委和政府，要层层落实脱贫攻坚责任。中央各部门要步调一致、协同作战、履职尽责。

在验收工作机制上，《关于建立贫困退出机制的意见》文件要求，按照精准扶贫、精准脱贫的原则，建立贫困户脱贫认定机制，制定严格规范透明的贫困县退出标准程序核查办法。要实事求是，严格评估，用经得起检验的摘帽标准来衡量验收，注重脱贫质量和可持续性。要坚持正向激励，留出缓冲期，在一定时间内继续实行扶持政策。

在扶贫开发工作长效机制上，《贫困地区水电矿产资源开发资产收益扶贫改革试点方案》文件要求，以增加贫困人口资产性收益为目标，创新贫困地区水电矿产资源开发占用农村集体土地补偿方式，围绕界定入股资产范围、明确入股受益主体、合理设置股权、完善收益分配、加强股权管理和风险防控等重点任务，探索建立集体股权参与项目分红的资产收益扶贫长效机制，走出一条资源开发和脱贫攻坚有机结合的新路子。

（四）在深化医药卫生体制改革同时，着手卫生和健康工作方针的调整

2016 年中央深改小组通过了 4 份医改文件，推动分级诊疗和医疗资源下沉，旨在化解看病难、看病贵等人民群众反映强烈的问题。

《关于推进家庭医生签约服务的指导意见》推进家庭医生签约服务，对促进医疗卫生工作重心下移、资源下沉，实现人人享有基本医疗卫生服务的目标具有积极意义。文件要求重点在签约服务方式、内容、收付费、考核、激励机制、技术支撑等方面实现突破，优先覆盖老年人、慢性病患者、结核病等慢性传染病患者、严重精神障碍患者、孕产妇、儿童、残疾人等重点人群。对家庭医生要有职业保障措施。

《关于加强儿童医疗卫生服务改革与发展的意见》特别关注儿童“看病难”问题。文件要求加强儿童医疗卫生服务改革与发展，要紧紧围绕加强儿科医务人员培养和队伍建设、完善儿童医疗卫生服务体

系、推进儿童医疗卫生服务领域改革、防治结合提高服务质量等关键问题，系统设计改革路径，切实缓解儿童医疗服务资源短缺问题。要落实政府责任，加强组织领导，密切协作配合，完善配套措施。

《关于整合城乡居民基本医疗保险制度的意见》聚焦城乡非正规就业群体“看病贵”问题。文件要求整合城镇居民基本医疗保险和新型农村合作医疗两项制度，建立统一的城乡居民基本医疗保险制度，是推进医疗卫生体制改革、实现城乡居民公平享有基本医疗保险权益、促进社会公平正义、增进人民福祉的重大举措。要按照统一制度、整合政策、均衡水平、完善机制、提升服务的总体思路，从统一覆盖范围、统一筹资政策、统一保障待遇、统一医保目录、统一定点管理、统一基金管理等方面进行整合，积极构建保障更加公平、管理服务更加规范、医疗资源利用更加有效的城乡居民医保制度。要推动实现医疗、医保、医药“三医联动”，推动基本医保、大病保险、医疗救助、商业健康保险、社会慈善等衔接配合，努力构建多层次的医疗保障体系。

如果说上述三项改革仍然聚焦局部领域，并没有从本质上突破前几年碎片化的改革特征，也未触及更深层次的体制性问题。然而2016年年末，新医改翻开了一个新的篇章。中共中央办公厅、国务院办公厅转发了《国务院深化医药卫生体制改革领导小组关于进一步推广深化医药卫生体制改革经验的若干意见》，总结了8方面24条经验，改革路径更为明确，以“三医联动”的系统化改革代替过去几年各个领域的碎片化改革。从改革方向看，“政府主导”的改革路径得到认可，而且接下来的医改将以前所未有的政治推动力推进。

在深化医改的同时，2016年“健康中国”战略正式启动实施。2015年党的十八届五中全会提出推进“健康中国”建设的国家战略。

2016年8月，习总书记在全国卫生大会上强调要把人民健康放在优先发展的战略地位，强调将卫生和健康工作的重点从治病转向健康促进。10月，中共中央、国务院印发了《“健康中国2030”规划纲要》，文件要求“将健康融入所有政策”，并强调个人责任，号召“人民共建共享”。

（五）加强民办教育管理，推动城乡教育公平，确保社会主义办学方向和核心价值

为了全面贯彻党的教育方针，坚持立德树人，加强社会主义核心价值体系教育，中央审议通过了《关于加强民办学校党的建设工作的意见（试行）》《民办学校分类登记实施细则》《营利性民办学校监督管理实施细则》等3份文件，支持和规范民办教育发展。文件要求，坚持和加强党对民办学校的领导，设立民办学校要做到党的建设同步谋划、党的组织同步设置、党的工作同步开展，确保民办学校始终坚持社会主义办学方向。要建立营利性和非营利性民办学校分类登记、分类管理制度，提高教育质量。

统筹推进县域内城乡义务教育一体化发展，对缩小城乡教育差距、促进教育公平、维护社会主义核心价值具有重要意义。《关于统筹推进城乡义务教育一体化改革发展的若干意见》文件要求，各部门各地区要针对突出问题，在合理规划城乡义务教育学校布局建设、完善城乡义务教育经费保障机制、统筹城乡教育资源配置、提高乡村教育质量、稳定乡村生源、保障随迁子女就学、加强留守儿童关爱保护等方面推出务实管用办法。要加大对乡村特别是老少边穷等地区义务教育扶持力度，让贫困地区的孩子们都有机会接受公平、有质量的义务教育。要注意结合地方实际，因地制宜选择发展路径。

（六）在养老服务领域，亮点是放开市场、提升质量

养老服务业既是关系亿万群众福祉的民生事业，也是具有巨大发展潜力的朝阳产业。为了加快建立社会养老服务体系和发展老年服务产业，2016 年中央审议通过了两份文件。

《关于全面放开养老服务市场提升养老服务质量的若干意见》文件要求，紧紧围绕老年群体多层次、多样化的服务需求，降低准入门槛，引导社会资本进入养老服务业，推动公办养老机构改革，提升居家社区和农村养老服务水平，推进养老服务业制度、标准、设施、人才队伍建设，繁荣养老市场，提升服务质量，让广大老年人享受优质养老服务。

《关于制定和实施老年人照顾服务项目的意见》文件要求，制定和实施老年人照顾服务项目，要从我国国情出发，立足老年人服务需求，整合服务资源，拓展服务内容，创新服务方式，提升服务质量，让老年人享受到更多看得见、摸得着的实惠。要重点关注高龄、失能、贫困、伤残、计划生育特殊家庭等困难老年人的特殊需求。

（七）在收入分配领域，分群体施策，以点带面，促进居民收入与经济增长同步

国务院印发《关于激发重点群体活力带动城乡居民增收的实施意见》（以下简称《增收意见》），部署对重点群体实施激励计划，带动城乡居民实现总体增收。

《增收意见》指出，提高城乡居民收入是全面建成小康社会的重要内容，体现社会主义本质的必然要求。为营造激励奋发向上的公平环境，拓宽就业渠道，促进各类社会群体依靠自身努力和智慧，创造社会财富，共享发展红利，必须进一步深化收入分配制度改革，强化

收入分配政策激励导向，分群体施策，不断激发全体劳动者的积极性、主动性、创造性，实现经济增长与居民增收互促共进。

《增收意见》提出，对增收潜力大、带动能力强的七大群体实施激励计划，推出差别化收入分配激励政策，带动城乡居民实现总体增收。一是完善多劳多得、技高者多得的技能人才收入分配政策；二是加大对新型职业农民的培育和支持力度，加快职业化进程；三是通过工资性收入、项目激励、成果转化奖励等多重激励引导科研人员潜心研究工作，激发科技创新热情；四是进一步降低小微创业者创业成本，健全创新创业成果利益分配机制；五是完善产权保护制度，进一步稳定预期、优化环境，激发企业家创业热情；六是完善工资制度，实施差别化激励办法，建立阳光化福利保障制度，充分调动基层干部队伍工作积极性；七是鼓励引导有劳动能力的低保对象、建档立卡贫困人口及残疾人等困难群体，主动参加生产劳动，通过自身努力增加收入。

（八）基本养老保险改革方案已经连续两年流产

自 2015 年起，制定养老保险顶层设计方案就被明确列为需尽快完成的年度重点改革任务。在方案制定过程中，有关部门对个人账户规模、余额继承、全国统筹时机、征缴体制以及财政负担程度等问题存在不同看法。

二、社会体制改革进展缓慢、效果不明显，根源在于缺乏共识和既得利益阻碍

2016 年，社会事业领域改革设计和执行在局部取得了突破，但是从整体上讲，社会体制改革的推进和作用发挥都很不到位。

（一）与“确保十九届三中全会时各项改革基本完成”的过程目标相比，社会体制改革很可能要拖后腿

全面深化改革的时间已经过了近2/3，在未来一年半多一点时间里，社会事业领域的多项基础性制度都难以建立。

在深化教育领域综合改革方面，一些重大的改革举措落实难。十八届三中全会提出，统筹城乡义务教育资源均衡配置，实行公办学校标准化建设和校长教师交流轮岗。在全国范围内，交流轮岗制度仅在局部地区实行，普遍推行的前景暗淡。用一个直辖市分管副市长的话来说，均等化需要二三十年才能完成。并且，职业教育和高等教育的改革还未破题，“加快现代职业教育体系建设”和“促进高校办出特色争创一流”都是任重而道远。另外，在广大中西部农村地区，义务教育阶段还存在着很高的辍学率，这一问题还未引起足够重视、更未纳入改革议程。

在深化医药卫生改革领域，如果从2009年算起，这一轮医改已推行了近八年，但整体上讲医改仍处于试点之中。近两年来，中央有关部委一直在努力推广“三明路径”，但至今仍未形成燎原之势。从卫生和健康工作方针调整的角度来看，在中央层面还没有建立大健康战略实施领导小组，国家出台的“健康中国”规划的操作性和有效性还有待实践检验。

在养老服务领域，中央已经明确了居家养老的基础地位，但是有的部委仍将工作重点放在机构养老和机构床位建设上，居家养老尚缺乏成熟模式。

在养老保险领域，职工基本养老保险改革已经流产两年，2017年有望出台妥协性方案，但在2018年全面落实的可能性很小。2015年启动的机关事业单位与企业基本养老保险并轨改革，在2017年年初仍

未落实到位。

在最低生活保障等社会救助领域，我国低保制度的福利化倾向明显，制度改革和管理完善两方面的任务都很艰巨。低保福利化倾向有三种主要表现，一是与同属儒家文化的东亚其他国家地区相比，我国低保人口占比明显偏高；二是低保家庭受保之后的生活水平高于贫困边缘家庭；三是低保资格认定的平均主义倾向。

在形成合理有序的收入分配格局方面，多项改革还没有顶层设计，包括“提高劳动报酬在初次分配中的比重”和“改革机关事业单位工资和津贴补贴制度”。

（二）与增强人民群众获得感的结果目标相比，社会体制改革的效果还不明显

尽管社会体制改革在局部取得突破，改革落实也让人民群众得到了一些实惠，但是整体上讲人民群众的获得感并不强。

在义务教育领域，就近入学推行较为顺利，减少了特权择校问题。但是，在校际间差距没有缩小，特别是校长教师轮岗制度没有落实的情况下强推就近入学，既没有解决教育公平问题，还造成一些群体新的被剥夺感，并进一步推高了学区房房价。

在医疗卫生领域，2016 年全国有超过一半的县开展了基层首诊试点，不出本县就诊看病的人超过 80%。据中国社会科学院的一项研究[①]，2015 年“看病贵”问题有所缓解，但是“看病难”问题仍然没有明显改善。

在养老服务领域，截至 2016 年三季度末，全国各类养老床服务位

① 房莉杰：《2016 年中国医疗卫生事业发展报告》《2017 年中国社会形势分析与预测》，社会科学文献出版社 2016 年版，第 99 ~ 132 页。

数比2015年全年增长4.3%，每千名老年人拥有养老床位31.6张。同时，民政部的统计数据表明，机构床位空置率在40%以上，并且入住老人大多是生活能自理者。相反，在一些热点城市，真正需要机构照顾的老人仍是“一床难求”。

在收入分配领域，机关事业单位职工的灰色收入大幅降低，但在“后门”“旁门”被堵的同时，“前门”“正门”没有打开，这也在一定程度上影响了党政干部的积极性。

（三）社会建设工作方针大体确定，但在方向把握上时常出现不一致的表述

习近平同志在国内国际多个场所针对不同人群发表的系列重要讲话，始终强调共建共享的理念。2013年4月，习近平同全国劳动模范代表座谈并发表重要讲话，总书记强调：“劳动是财富的源泉，也是幸福的源泉。人世间的美好梦想，只有通过诚实劳动才能实现；发展中的各种难题，只有通过诚实劳动才能破解；生命里的一切辉煌，只有通过诚实劳动才能铸就。”

2015年6月，习近平在会见中国少年先锋队第七次全国代表大会时寄语全国各族少年儿童：“幸福不是毛毛雨，幸福不是免费午餐，幸福不会从天而降。人世间的一切成就、一切幸福都源于劳动和创造。”

在“主动适应、把握、引领经济发展新常态——关于促进经济持续健康发展”的重要讲话中，习近平总书记强调：“坚持包容性发展，必须坚持全面保障和改善民生，构建公平公正、共建共享的包容性发展新机制，使发展成果更多更公平惠及全体人民。”

在“以新发展理念引领发展”的重要讲话中，习近平总书记全面

论述了“共享”理念四个方面的内涵。一是全民共享，即共享发展是人人享有、各得其所，不是少数人共享、一部分人共享。二是全面共享，即共享发展就要共享国家经济、政治、文化、社会、生态文明各方面建设成果，全面保障人民在各方面的合法权益。三是共建共享，即只有共建才能共享，共建的过程也是共享的过程。四是渐进共享，即共享发展必将有一个从低级到高级、从不均衡到均衡的过程，即使达到很高的水平也会有差别。

在“让老百姓过上好日子——关于改善民生和创新社会治理”的重要讲话中，习近平总书记指出，要以最广大人民利益为根本坐标，创新社会治理体制，改进社会治理方式，构建全民共建共享的社会治理格局。

2015 年 9 月，习近平主席在纽约联合国总部出席第七十届联合国大会一般性辩论时发表重要讲话指出，当今世界，各国相互依存、休戚与共。要继承和弘扬联合国宪章的宗旨和原则，构建以合作共赢为核心的新型国际关系，打造人类命运共同体。要建立平等相待、互商互谅的伙伴关系，营造公道正义、共建共享的安全格局。并且，习主席强调要推进全球治理体系变革，全球治理体系是由全球共建共享的，不可能由哪一个国家独自掌握，全球治理结构如何完善应该由各国共同来决定。

本届领导集体提出了民生工作新思路，并努力贯彻执行。在第一次主持召开的中央经济工作会议上，新领导集体就提出了“守住底线，突出重点，引导预期，完善政策”的新思路。这项政策主张表明，民生工作要分类推进，要区分底线和重点；并且民生工作要以人民群众需求为出发点和落脚点，同时也要注意引导预期。

在贯彻落实共建共享发展新理念和民生工作新思路过程中，我们也出现了一些认识或政策表述上的偏差。一是存在重共享、轻共建的倾向；二是存在全面回归“底线”思维的表述，如“社会政策托底”；三是存在重回应、轻引导的倾向。

（四）虽然很多改革设计取得了共识，但具体分歧点还不少，或者既得利益的阻力巨大，导致改革动力不足

这里分三种情形。第一种是方向和路径都比较清晰，但落实不到位的改革。促进义务教育均衡发展方面的改革，特别是校长教师交流轮岗制度，遇到了重点学校学生家长和教职员工的强烈反对。医药卫生体制改革已经形成了一些较为成熟的模式，如“三明路径”，但有关部门和地区还在热衷搞试点、扩范围。三明市医改有三个突出特点。一是问题导向。从实际出发，抓住导致医药费用不合理增长的关键环节，推进“三医”联动改革。二是机制得当。以挤压药品水分为突破口，以薪酬激励机制改革为核心，以医保管理体系重构为支点，符合医疗卫生行业发展规律与内在特点。三是保障有力。建立了集中统一高效的医改领导协调机制，市党政一把手全力支持并充分放权，指定专业经验丰富、改革攻坚意识强烈的领导干部统管“三医”改革事项，改革决策和执行过程精简高效。

第二种是方向比较清晰，但路径不清，落实也不到位的改革。路径不清的改革主要包括户籍制度、养老服务体系建设、高等教育、职业教育、幼儿教育等方面。

第三种是方向不明确的改革，顶层设计方案延迟有认识和利益两方面的问题。这类改革包括劳动力市场、收入分配和养老保险等方面。

以养老保险改革为例，来说明认识分歧和既得利益因素导致的顶层设计方案的延迟。有关部委在一些体制机制设计问题上存在重大分歧。我们认为，这些问题需研究解决，但它们不是养老保险顶层设计需要解决的主要矛盾。我国养老保险体系的主体是城镇职工养老保险，其中政府责任过大，是养老保险制度运行问题的根源。过去30多年来，城镇职工基本养老保险制度中政府承担的责任种类越来越多、政府承担的收入保障水平名降实升；与欧洲之外的发达经济体相比，我国政府责任偏重的问题也很突出，欧洲“福利病”的最重要表现是寿命延长而工作缩短，我国城镇地区也已暴露出这一问题。我国应从破解这一矛盾入手，统一认识，完善养老保险顶层设计。

除了认识不一致的问题，地区之间和部门之间的利益问题也是导致养老金改革方案迟迟不能出台的重要原因。基本养老金难以实现全国统筹的主要原因是利益主体多元，其中涉及中央和地方的权力、责任，以及地方和地方之间利益关系的平衡和调整。对于基本养老金全国统筹，一些养老金有结余的地区并不愿意牺牲自己的地方利益进行全国统筹，但辽宁、黑龙江等地肯定希望尽快实现统筹。另外，不同地区参保人缴费比例和退休待遇如何确定，这些也是养老保险全国统筹的重点与难点。在部门之间的利益平衡上，社会保险费征缴体制是矛盾的焦点。

在诸多社会体制改革需要触动强大既得利益的情况下，不少领导干部担心干事得罪人，被人举报，或被舆论推上风口浪尖并被追责。在一些不合理法规没有及时修订和容错免责机制不健全的情况下，各级干部切实推动重大改革工作还要承担合规风险。同时，因待遇上的“后门”“旁门”被堵死，但“前门”“正门”又没有打开，一些干部认为现在干事的回报与付出不相称，滋生不想干的念头。总之，在任务变重、风险加大、待遇降低的情况下，一些干部理想信念不坚定，消极怠政成为其不理性选择。

（五）社会建设不当供给问题没有得到扭转，导致人民群众获得感不强，制度可持续性差

社会建设不当供给也可分为三类：一直存在的、不断恶化的和新增的不当供给。

第一类是坚挺的不当供给，包括重点学校和择校、幼儿教育的“小学化”；基本养老保险在老年保障体系中“一支独大”。

第二类是不断加强的不当供给，包括医疗卫生服务重心进一步上移；各地大力发展医药产业，供给过剩没有缓解甚至加剧；低保“适度普惠”制度安排的恶果出现，福利化倾向明显。

第三类是新增的不当供给，包括事实上以机构养老为重点的社会养老服务体系，机构床位低效使用。

三、以社会体制改革为抓手拉动全面深化改革，以民生重点领域的激励约束机制改革撬动社会体制改革

中央全面深化改革领导小组提出，要确保十九届三中全会时各项改革基本完成，2017 年要多推有助于促进社会公平正义、增强人民群众获得感、发挥干部积极性的改革事项。按照这个整体部署以及新时期社会建设在经济社会发展中的独特作用，社会体制改革应该也可以发挥更大的作为。

（一）全面准确地看待社会建设的地位和作用

任何时期任何国家的社会建设，都应该具有两方面的功能。一方面是满足人民群众的合理需求，改善福祉；另一方面是有助于行为引导和社会秩序构建。具体到当今中国，社会建设要有助于协调推进共

享和共建，对于人民群众的多层次多元化需求，既要满足基本需要、尽量帮助实现多层次需求，也要引导预期、管理不合理的需求。

（二）社会建设要服务于经济建设这个中心，但不能混同为经济建设

社会建设要以满足人民群众的合理需求为宗旨，增加公共服务和社会保障的有效供给。在有效供给中，促进产业发展和经济增长。要防止通过无效或有害供给，拉动经济增长的短视行为。如果单纯为了经济增长，我们可以让患者多看病、多吃药、多做手术；我们可以鼓励老年人多住敬老院；我们还可以让步于既得利益的阻力，坚持重点校和维护学区房，拉高居民教育和住房消费。这些“杀鸡取卵”的做法，透支经济增长潜力，损害党和政府信用，贻害无穷。

（三）坚持“共建共享”发展理念，进一步明确和细化民生工作的基本方针，确定重点领域和支出重点

未来十年乃至更长时期，中国人类发展水平和包容性的提升，需要更多依靠社会政策的改革和创新，这也是中国共产党第十八届五中全会提出的“共享”发展理念的重要内容。

经济增长、机会公平、社会协同是中国实现包容性人类发展的三个巨轮，要整合推进、协同驱动。2012 年 12 月召开的中央经济工作会议提出，要按照“守住底线、突出重点、完善制度、引导舆论”的新思路做好民生工作。与此思路相一致，我们建议将民生工作区分为四个层次，其中前两三个层次是民生工作的重点，第四个层次是民生工作的底线。

第一层次是就业、劳动力市场和收入分配领域的工作和政策。第

二层次是教育和医疗卫生等人力资本投资领域的工作和政策。这方面的社会支出可以产生社会回报，即有助于人力资本的积累和劳动生产率的提升。第三层次是养老服务、托幼服务等减轻就业者后顾之忧的领域。这方面的社会支出也可以产生社会回报，主要是劳动参与率的提高。第四层次是养老保险、失业保险、最低生活保障等领域的工作和政策。这类社会支出的消费性较强、投资性较弱，相关社会支出基本不产生社会回报，因此它们的发展应该坚持底线思维。

按照新一届领导集体的民生工作新思路和我们建议划分的民生工作层级，我们对民生工作提出以下三个方面的整体改革建议。

一是构建发展型或投资型民生保障理论和制度体系，以社会投资性强的赋权授能的民生项目为重点予以优先发展，而以养老保险、最低生活保障等消费性强的社会项目为底线予以控制发展。

二是社会政策要从全面扩张走向“有抑有扬”，注重社会政策的体系建设和项目整合，重点发展就业促进、教育、医疗卫生等社会投资性项目，适度抑制低保、公共养老金等社会消费性项目，并把社会保护和个人努力有机结合起来。

三是机会不均等、待遇差距大，是当前中国社会政策领域需要聚焦解决的突出问题。今后一个时期，要改革公共投入的投向和投入方式，着力提升包容性和瞄准率，并提高投入效率，确保中低收入群体受益。

（四）按照民生工作改革的新思路，制定各项民生工作关键环节的改革措施

在确立基本理念和总体思路基础上，在民生工作各领域要重点推进若干关键政策，主要建议如下。

教育应处于优先发展的战略地位。在继续推进和巩固各阶段各层级教育普及的同时，教育创新的基本方向有两个：一是推进教育公平，重点是在当前推进教育公平的制度安排基础上，坚定认识，排除既得利益阻力，坚决推进改革；二是提高教育质量，特别是探索“适切性”和“使命感”教育，针对多方面社会问题，培养学生解决相关问题的兴趣、意愿和能力，切实加强价值观教育，特别是精英人才的社会责任感和社会担当精神。

医疗卫生领域的改革，重点是解决宏观效率不高和公平性较差问题。关键的政策，包括建立具有正确激励的医疗卫生专业人员薪酬制度；采取切实措施增强基层吸引力，推进分级医疗；促进医疗保障体系的整合与衔接，建立人人均等享受基本医疗卫生服务制度。

在老年收入保障方面，要防止依靠国家养老的倾向。在政策设计上，要推进养老保险的制度整合和体系衔接，改进公平性，保障可持续性。当前，我国养老保险制度运行面临多重困难，但其中的主要矛盾，是城镇职工基本养老保险中政府责任过大以及激励约束不足。要克服这一矛盾，可通过待遇水平和费率水平的“双降”以及基本养老金计发实行“个人全账户”加以化解。“双降”是指降低基本养老保险的替代率水平和降低基本养老保险的费率水平，基本养老保险制度应以减贫和再分配为主要目标。“个人全账户”是指在养老金计发时将再分配和激励因素全部纳入个人账户的做法，建立权责对等、激励相容的新机制。现行的基本养老金计发办法是，在个人缴费期，每年将单位缴费的一部分留在统筹基金，另一部分连同个人缴费记入个人账户；在领取时，基本养老金数额由社会统筹养老金和个人账户养老金两部分汇总而得，前者体现再分配，后者体现激励。与此相对，“个人全账户”的做法是，在个人缴费期，每年将单位缴费连同个人

缴费全部记入个人账户，单位缴费的一部分按照社会平均工资基数计入，体现再分配原则，另一部分按照个人工资水平基数计入，体现效率原则；在领取时，基本养老金数额完全按个人账户储存额计算确定。

实行积极的应对老龄化方针，帮助老人自立自强。调整将老年人视为被动接受者的所有涉老政策，给真正需要兜底的老人更加可靠的保障。要贯彻落实“积极应对人口老龄化”的新战略，首先应调整老龄工作方针。建议将“积极应对”的核心内容“自立自强”加到现在的12字方针后面。同时，应调整每个涉老领域不适宜的具体政策。老年人的统计口径要调整，从现在的以60周岁为主要标准变为以65周岁为主，再过10年左右只按65周岁口径进行统计。在机关事业单位养老保险制度改革方案实施后，马上启动渐进延迟退休年龄的进程。同时，要立法保障老年人在工作期间及其用人单位的利益；还要做实终身教育，特别要重点关注40岁以上劳动者的知识更新。为了提高公共服务的可持续性，退休人员也要缴纳医疗保险费和个人收入所得税。当然，为了减少阻力，可以一次性适当提高现有退休人员的待遇。在医疗卫生领域，要将新增资源主要放在预防保健，包括老化预防。在养老服务领域，要大力发展立足于居家和社区的就地养老，尽可能减少老年人对机构的使用和防止依赖；要建立少老人照顾老老人的激励机制。在交通运输领域，要改善基础设施，更有利于老年人出行和更便捷安全地参与经济社会活动。

在减贫和社会救助方面，要根据中国政府的扶贫工作规划纲要，积极实施精准扶贫、精准脱贫，因人因地施策，提高脱贫实效和可持续性。同时，扶贫政策要结合中国的文化传统和乡村社会的实际情况，强调自立自强，要坚持“造血式”扶贫，在政策投入同时，精准扶贫要注重贫困社区和贫困家庭的能力建设，避免输血式扶贫和低保福利

化倾向。对于低保人口，也要强调自立自强。调整低保政策，将低保政策目标回归为补缺型或兜底型保障，同时改善管理，化解低保福利化问题。

（五）形成基础性制度体系的路径和2017年社会体制改革建议

改革机关事业单位工资制度，激发党政干部职工的积极性。在公共部门中可从建立司法人员、医护人员或教师年薪制入手，以取得早期成果。通过监督和引导司法人员公正执法、监督医务人员合理诊疗和要求校长教师交流轮岗，为公共部门普遍推行薪酬制度改革奠定坚实的民意基础。

参照细分市场同类人员的薪酬待遇，保障司法、教育和医疗卫生人员的合理待遇和应有尊严，守住社会公平正义的三条底线，提升人民群众的获得感。在推进员额制司法改革的同时，要尽快兑现法官年薪制和参照执业律师的收入不断调整法官年薪水平，保证司法人员体面生活，促进司法公正。在开展担当性精英教育的同时，要强力推进现有的有利于教育机会均等化的改革措施落地。对通过轮岗到薄弱学校的校长教师，可以优先晋升职称或工资级别并可携带享受。以改变医疗卫生服务体系的激励和约束机制为突破口，包括建立公立医院医护人员年薪制以及对逐利行为的监控机制，完善和加快推进人人享有基本医疗卫生服务的体制改革，推动“健康中国”优先战略的实施。

在加强反腐倡廉制度建设的同时，借鉴司法、教育和卫生等先行行业的经验，研究重构党政干部的保障激励机制，维护和激发积极性和创造力。治理党政干部队伍中少数人不作为问题十分重要而迫切。“为官不为”这一现象，既反映出干部对新形势新任务的不适应，又反映出相关保障激励机制有待重塑。党政干部队伍的保障激励机制建设应当以培养其公益精神为方向来综合施策并抓住重点，以“讲奉献+合理保障+适度激励”的主线，改进乃至超越传统的“弱奉献+低保障+强激励”模式。为此，可以采取“四步走”战略：首先，切实保障党政干部的待遇和尊严；其次，强化监督机制；再次，以适切性、使命感教育培育更多更具公益心的党政干部；最后，理顺国家和社会关系，激发社会主体的参与积极性。

执笔人：贡　森

结语

在未来5年或更长时期，中国经济社会发展不仅要致力于解决地区之间、人群之间的不平衡问题，还要应对快速老龄化、经济增速放缓和结构转型等重大挑战。同时，中国在推进包容性、共享发展方面，仍然有不少优势。如相对集中的政治制度，可以更好地排除既得利益对社会发展转型的阻碍。我国国民经济仍将处于中高速或中速增长阶段，新增财富可以支持增量改革，可以回避更多依赖存量改革可能带来的各种矛盾。过去的发展历程，以及先行国家的经验教训，可以为未来的发展提供参考借鉴等。

以经济和财力增长为依托，中国有望继续扩大社会领域的支出规模，并进行社会支出结构的调整和优化，重点支持教育和医疗卫生领域的包容性发展，提升公众和社区的创新、自我发展和自我管理能力。未来5年左右，中国有望建立社会投资型民生工作体系。这类社会建设和创新，将有助于中国经济的可持续发展，并将推动人类发展水平的不断提升和包容性的持续改善。

2016年社会体制改革大事记

1月11日，中央全面深化改革领导小组第二十次会议强调，扭住全面深化改革各项目标，落实主体责任、拧紧责任螺丝。会议审议通过了《关于全面推进政务公开工作的意见》《关于健全落实社会治安综合治理领导责任制的规定》。

2月23日，中央全面深化改革领导小组第二十一次会议强调，深入扎实抓好改革落实工作，盯着抓、反复抓，直到抓出成效。会议听取了社会体制改革专项小组关于司法体制改革推进落实情况汇报、福建省三明市关于深化医药卫生体制改革情况汇报。

3月22日，中央全面深化改革领导小组第二十二次会议强调，推动改革举措精准对焦、协同发力，形成落实新发展理念的体制机制。会议审议通过了《关于建立贫困退出机制的意见》《关于加强儿童医疗卫生服务改革与发展的意见》。

4月18日，中央全面深化改革领导小组第二十三次会议强调，改革既要往增添发展新动力方向前进，也要往维护社会公平正义方向前进。会议审议通过了《关于推进家庭医生签约服务的指导意见》《关于加强民办学校党的建设工作的意见（试行）》《民办学校分类登记实施细则》《营利性民办学校监督管理实施细则》《保护司法人员依法履行法定职责的规定》。

5月20日，中央全面深化改革领导小组第二十四次会议强调，坚定改革信心，注重精准施策，提高改革效应、放大制度优势。会议审议通过了《关于统筹推进城乡义务教育一体化改革发展的若干意见》。

6月27日，中央全面深化改革领导小组第二十五次会议强调，聚集改革资源、激发创新活力，更加富有成效抓好改革工作。会议审议通过了《关于推进以审判为中心的刑事诉讼制度改革的意见》。

7月22日，中央全面深化改革领导小组第二十六次会议强调，以更大的决心和气力抓好改革督察工作，使改革精准对接发展所需、基层所盼、民心所向。会议审议通过了《贫困地区水电矿产资源开发资产收益扶贫改革试点方案》。

8月30日，习近平主持召开中央全面深化改革领导小组第二十七次会议强调，强化基础、注重集成、完善机制，严格督察，按照时间表、路线图推进改革。会议审议通过了《关于实行以增加知识价值为导向分配政策的若干意见》《关于进一步推广深化医药卫生体制改革经验的若干意见》《脱贫攻坚责任制实施办法》《关于清理规范改革试点情况的报告》。

10月11日，中央全面深化改革领导小组第二十八次会议强调，坚决贯彻全面深化改革决策部署，以自我革命精神推进改革。会议审议通过了《关于推进防灾减灾救灾体制机制改革的意见》《关于全面放开养老服务市场提升养老服务质量的若干意见》。

10月21日，国务院印发《关于激发重点群体活力带动城乡居民增收的实施意见》。

10月25日，中共中央、国务院印发了《“健康中国2030”规划纲要》。

11月1日，中央全面深化改革领导小组第二十九次会议强调，要全面贯彻党的十八届六中全会精神。会议审议通过了《关于深化职称制度改革的意见》《关于进一步引导和鼓励高校毕业生到基层工作的意见》。

12月5日，中央全面深化改革领导小组第三十次会议强调，总结经验、完善思路、突出重点，提高改革整体效能、扩大改革受益。会议审议通过了《关于加强乡镇政府服务能力建设的意见》《关于制定和实施老年人照顾服务项目的意见》。

12月30日，中央全面深化改革领导小组第三十一次会议强调，投入更大精力、抓好改革落实，压实责任、提实要求、抓实考核。会议审议通过了《关于加快构建中国特色哲学社会科学的意见》《关于加强和完善城乡社区治理的意见》。

12月30日，中国社会保障学会评选出“2016年中国社会保障十大事件”，位居前五位的分别是：第十二届全国人大第四次会议通过《中华人民共和国慈善法》，中共中央、国务院印发《“健康中国2030”规划纲要》，国际社会保障协会（ISSA）第32届全球大会将“社会保障杰出成就奖”（2014～2016）授予中华人民共和国政府，国务院发布《关于整合城乡居民基本医疗保险制度的意见》和第十二届全国人大常委会第二十五次会议通过《关于授权国务院在河北邯郸市等12个生育保险和基本医疗保险合并实施试点城市行政区域暂时调整实施〈中华人民共和国社会保险法〉有关规定的决定》。